KB265015

누가 아이의 마음을 조율하는가

아동심리치료와 사이코드라마

누가 아이의 마음을 조율하는가

버너데트 호이 지음
황헌영 · 김세준 옮김

올력

누가 아이의 마음을 조율하는가

지은이 | 버너데트 호이
옮긴이 | 황헌영, 김세준
펴낸이 | 강동호
펴낸곳 | 도서출판 울력
1판 1쇄 | 2008년 3월 31일
1판 2쇄 | 2011년 3월 10일
등록번호 | 제10-1949호(2000. 4. 10)
주소 | 152-889 서울시 구로구 오류1동 11-30
전화 | (02) 2614-4054
FAX | (02) 2614-4055
E-mail | ulyuck@hanafos.com
값 | 13,000원

ISBN | 978-89-89485-61-2 93180

· 잘못된 책은 바꾸어 드립니다.
· 옮긴이와 협의하여 인지는 생략합니다

사진: Margaret Sail

차례

감사의 글 _ 9
서문 _ 11
들어가는 말 _ 19

I 부. 배경

1. 이론적 틀 _ 27
2. 자발성 - 사이코드라마의 연결고리 _ 39
3. 사이코드라마로 들어가는 길 _ 57
4. 은유, 원형 그리고 이야기 - 숨겨진 언어 _ 69

II 부. 아이들의 이야기

5. 안드레아 _ 91
6. 마이클 _ 113
7. 메그 _ 121
8. 제시카 _ 135
9. 마크 _ 141

10. 조디 _ 151

11. 제이슨 _ 157

12. 메리 케이트 _ 171

13. 제이미 _ 187

14. 아만다 _ 205

III 부. 연계

15. 저항 다루기 _ 221

16. 사이코드라마와 아동 치료 _ 233

17. 장벽을 넘어 _ 239

용어 _ 243

옮긴이의 글 _ 245

참고문헌 _ 249

일러두기

1. 이 책은 Bernadette Hoey의 *Who calls the tune?* (Routledge, 1997)를 번역하였으며, 우리 실정에 비춰 불필요한 내용 일부를 생략하였다.

2. 이 책은 원서의 체제를 따랐다. 하지만 사례 중 일부에서 원서와 다르게 이야기를 부각시키는 방향으로 편집하였다.

3. 본문에서 책과 신문, 잡지 등은 『　』로, 논문과 기사는 「　」로 표시하였다. 그리고 영화나 음악 작품은 〈　〉로 표시하였다. 원어 그대로 표기한 경우, 책과 신문, 잡지 등은 이탤릭체로, 논문과 기사는 "　"로 표시하였다.

4. 본문 중에 (Axline 1964: 122)처럼 표기된 것은 참고 문헌의 Axline의 1964년도 책 122쪽을 참조하라는 의미이다.

5. 원서의 작은 따옴표는 이 책에서 큰 따옴표로 표시하였다. 그리고 본문 중의 작은 따옴표는 옮긴이가 붙인 것이다.

6. 본문 중 ( ) 안에 작은 글씨로 표시된 것은 옮긴이의 주이며, 옮긴이의 것임을 따로 밝히지는 않았다.

감사의 글

많은 분들의 사랑과 격려, 지지가 없었다면 이 책은 세상에 나오지 못했을 것입니다. 가장 감사드리고 싶은 분은 제가 어렸을 때에 놀이 친구가 되어 주셨으며, 언제나 아낌없는 사랑을 베풀어 주시고 저의 창의성과 탐구 정신을 길러주신 부모님입니다.

사이코드라마의 은사이신 맥스 클레이튼Max Clayton 교수는 집필 과정의 초기부터 건설적인 조언과 격려를 해 주셨습니다. 또한, 부족한 저의 작업을 소중하게 여기고 귀한 의견을 순 동료들(폴린 킬비Pauline Kilby, 마가릿 케니Margaret Kenny, 도로시 와그너Dorothea Wagner, 매들린 리드Madeline Reid, 제니퍼 캐빌Jennifer Cavil)에게도 감사의 뜻을 전합니다. 제 동생 앤 호이Anne Hoey는 명료하고 분석적인 지성으로 이 책의 초고가 나오는 데 큰 기여를 했습니다. 원고 집필 과정에서 실질적인 도움을 준 지나 루이스Gina Louis와, 선한 목자 사회정의위원회 Good Shepherd Social Justice Commission의 아이린 보니시Irene Bonnici와 주디스 보이드Judith Boyd에게도 감사를 드립니다. 그리고 이 책의 마지막 장 집필을 마무리할 수 있게 해 준 인간발달연구소Institute of Human Development(W.A.)의 리트릿 센터에도 고마움을 전하며, 그밖에 소장하고 있던 자료를 기꺼이 허락해 준 많은 동료들에게도 깊은 감사의 뜻을 전합니다.

　무엇보다도, 이 책의 실질적인 공헌자인 많은 어린이들에게 감사를 표합니다. 그들이야말로 저로 하여금 인간 내면의 아주 비밀스러운 공간에까지 들어갈 수 있도록 허락해 준 장본인들이기 때문입니다. 저는 이들을 평생 잊지 못할 것입니다.

아이들의 실제 이야기를 책에 담기 전에 그들에게 허락을 구했음을 밝힙니다. 이름과 신상에 관한 정보는 사실 그대로 싣지 않았지만, 실제 상담 회기와 관련된 내용은 모두 사실에 근거하였음을 알려드립니다.

서문

맥스 클레이튼 박사

아동 심리치료사 버너데트 호이의 책 서문을 쓰게 된 것을 아주 영광스럽게 생각합니다. 버너데트는 아동들이 삶에 새로운 애착을 가질 수 있게 하고 가슴 깊이 묻어둔 고통, 분노, 절망에서 벗어날 수 있는 방법을 개발하는 일에 전념한 분입니다. 이 일을 위해 그녀는 평소 아동들의 삶 속에 만족스런 관계의 경험을 소멸시키는 것이라면 무엇이든지 단호히 거부합니다. 또한 아이들이 새로운 배움의 경험을 향해 내딛는 힘찬 발걸음을 방해하는 그 어떤 것도 수용하지 않습니다. 아동들과 직접 만나 역동적인 직업을 하면서 그녀의 헌신과 인내는 아동 치료 분야에서 큰 결실을 맺고 있습니다. 또 한편으로 전문가 양성에도 힘써, 정신적 외상으로 신음하는 아동들에게 귀한 도움을 줄 수 있게 하고 있습니다.

이 책에는 다양한 독자층을 매혹하는 내용들이 담겨 있습니다. 아동 치료에 종사하는 분들은 이 책에서 다양한 아동들을 치료하기 위한 만남들을 자세히 기술한 부분에 매료될 것입니다. 아울러 이론과 실제의 다양한 기법이 어우러진 내용에서 신선한 자극과 용기를 얻을 수 있을 것입니다. 자녀를 둔 부모들은 아이들과의 관계 속에서 아주 큰 재미와 웃음 그리고 놀이로 표현되는 무궁무진하고 신선한 경험을 얻을 수 있을 것입니다. 또한 유치원이나 초등학교 교사들, 그리고 아이들을 돌보는 일을 하시는 분들에게는 아이들과 할 수 있는 활동의 다양함과 깊이를 접하는 기회가 될 것입니다. 한마디로 말해, 나날의 삶 속에서 아이들과 만나는 모든 분들에게 이 책은 아이들의 역량을 새로이 발견하고 접하게 하는 기회가 된다고 할 수 있습니다.

모든 아동은 자기 내부에 마르지 않는 창조적인 에너지를 가지고 있습니다. 아이들이 새로운 놀이와 게임을 만들어 낼 때 보이는 창의성과 독창성은 바라보는 부모들에게는 그저 놀랍고 흐뭇할 뿐입니다. 놀이와 게임을 통해 얻은 생동감을 가지고 달려오는 아이를 보는 부모는 일상의 고된 피곤함까지도 말끔히 해소할 수 있습니다. 아이의 입에서 나오는 진실이 어른들로 하여금 지나온 삶을 반추하고 새로운 행동 지침을 얻게 하는 계기가 되기도 합니다. 인간을 치료하는 데 매우 효과적인 이 창조적 원천을 우리는 존중해야 합니다. 버너데트가 작업의 매 단계에서 보여 주는 두드러진 특징이 바로 이 창조적 원천에 대한 존중입니다. 그녀가 첫 상담 회기에 앞서 준비 과정에 쏟는 노력, 그리고 첫 만남에서의 교감 어린 인사, 그리고 매 회기마다 다양하고 짜임새 있게 진행되는 모든 과정에서 한 사람, 한 사람 세심하게 조율해 가는 그녀의 모습을 보게 됩니다. 또한 순간순간 상황에 맞는 결단으로 그 자리에서 적절한 무언가를 제시하는 능력은 참으로 탁월합니다. 이는 아이의 발달에 아주 유익한 영향을 끼치는 것입니다. 또한 이 책은 모든 치료 작업을 기술하고 토론에 붙임으로써, 독자들에게 응용력을 갖게 하는 좋은 학습 자료가 됩니다.

아이들은 자기 자신을 기꺼이 내보일 수 있다고 느껴지는 분명한 상황에서만 반응합니다. 마음이 허락하는 상황이 아니면 어떤 설득이나 회유, 또는 위협에도 자신을 터놓고 표현하지 않으려고 합니다. 그렇기 때문에 아동 보호나 교육에 종사하는 사람들은 아이들이 자유롭게 자신을 표현할 수 있는 환경을 파악하는 것이 중요하고, 이에 더하여 이런 환경을 불러일으키는 데 필요한 태도, 가치관, 능력을 계발하는 것도 중요합니다. 이 책은 각 장마다 아이들이 자기 자신을 터놓을 수 있는 환경을 만드는 데 소중한 단서들이 될 만한 것들을 제공하고 있습니다. 이는 비단 물리적인 환경만이 아니라 치료사의 역할과 작용도 포함합니다.

지난 수년간의 경험에 비추어 볼 때, 이론과 실제를 잘 통합한 치료사들이 더 효과적인 치료적 관계를 수립할 수 있음을 알 수 있습니다. 이론은 치료사들의 말과 행동에서 중요한 부분입니다. 말과 행동은 서로 연합하여 감정이 녹아들어가 있는 생각을 표현할 수 있습니다. 특히 아동의 경우, 사려 깊게 자신을 이끌며 자기와 감정적인 유대가 잘 이루어지는 치료사에게 잘 반응합니다. 삶의 기본적인 믿음은 다른 사람과의 경험을 통해 쌓입니다. 세심하게 배려하고 신경을 써 주는 사람이 상황에 맞게 말을 걸어올 때, 아이도 한결 쉽게 자신의 말로 자신을 표현합니다. 이러한 사람은 아이에게 사이코드라마의 '이중 자아(더블double)'인 셈이지요. 이러한 이중 자아의 존재는 아이의 자신감을 키워 주는 역할을 합니다. 이 책은 재치 있는 표현으로 아동을 이끌 줄 아는 잘 통합된 치료사와 이들을 만나 활기를 띠는 아이들의 모습을 담고 있습니다.

이 책에 담긴 예들은 상당 부분 즉흥성improvisation을 보여 줍니다. 아주 편안하면서도 대담하게 어우러져 생성되는 즉흥성은 아이들에게서 높은 자발성spontaneity을 이끌어내며, 불안과 두려움을 날려 보내고 치료에 동참케 하는 데 매우 중요한 요인이 됩니다. 드라마를 통해 펼쳐지는 즉흥성의 기법은 야콥 모레노의 연구에 기원을 둔 것입니다. 물론, 모레노의 방법은 원래 모레노가 의도했던 방식 그대로 통합되고 개발되었습니다. 독자 여러분들도 이 책을 읽으면서 큰 영감을 얻어 새로운 원리를 여러분 자신의 이론적 토대와 실제에 잘 적용하여 구체화할 수 있게 되리라 믿습니다.

이 책은 지난 몇 년간 계속해서
제 마음의 벽을 두드려 왔습니다.
이제는 그 벽을 열 때가 된 것 같습니다.
이 책은 이야기를 담고 있습니다.
이 책이 나오기까지의 이야기,
그리고 내가 아이들에게 들려준
치료적 이야기therapeutic stories를 담고 있습니다.
무엇보다도, 아이들과의 놀이 가운데 얻은,
은유 뒤에 숨겨진 아이들의 비밀스러운 이야기는
짧지만 힘이 실린 장면들을 담고 있습니다.
이 책은 상호 역동적 형식을 취하고 있는 저의 치료 형태가
어떻게 발전해 왔는지 보여 주는 개인적인 기록입니다.
이 책은 또한 저의 훈련 강습회에 열심히 참여해 온 학생들의
요청에 부응하여 씌어진 부분들도 담고 있습니다.
이 책은 그 학생들뿐 아니라,
아동을 위한 치유 메커니즘healing mechanism의
다양성과 깊이를 연구하는
모든 이들을 위한 책입니다.

들어가는 말

피리 부는 사나이

그들이 그 산 기슭에 도달할 즈음
기이하게 생긴 문이 넓게 열리고
갑자기 움푹 파인 동굴이 나타났다
피리 부는 사나이는 그곳으로 앞장서 들어갔고
아이들은 그의 뒤를 따랐다.
— 브라우닝의 「피리 부는 사나이」에서

내가 사이코드라마에 눈뜨게 된 것은 1984년이 되어서였다. 그전에도 그에 대해 들어본 적은 있었으나 제대로 알게 된 계기는 호주 사이코드라마 대학에서 공부하게 되면서이다. 이때부터 치료사로서의 나의 삶은 일대 변화를 맞이했다. 나의 스승 맥스 클레이튼 박사는 모레노의 지도를 받으며 연구했다. 당시는 아동 치료를 위한 별도의 과정이 따로 마련되어 있지 않았다. 클레이튼 교수는 특유의 감각과 핵심을 꿰뚫는 혜안으로 "어른들"을 위한 사이코드라마의 세계로 우리를 이끌어주었다. 나는 우리가 아는 사이코드라마와 사이코드라마의 창시자인 모레노가 생각했던 사이코드라마 사이에 맥을 되짚어보면 어떨까 하는 생각을 하게 되었다.

그런데 최근 들어서 나는 이 과정에 문헌 연구를 포함시키지 않는 방법을 택했다. 이 방법을 알려준 스승은 다름 아닌 아이들이었다. 수년간 아이들과 작업을 하면서 수집한 수많은 손 인형과 장난감들이 사이코드라마의 놀이에서 "보조 자아" 역할을 담당했던 것이다. 치료에 임하면서, 나는 스스로를 아이와 함께 어울려 개구리 멀리 뛰기 놀이를 하는, 이를테면 브라우닝의 피리 부는 사나이쯤으로 생각하게 되었다. 내가 먼저 놀이가 시작됨을 알리면, 아이가 뛰어오르고, 나는 그 뒤를 따른다. 그러면, 치료사인 나는 아이보다 훨씬 먼 곳까지 힘차게 뛰어오른다. 아이는 이에 동요되어 새로운 아이디어를 짜내어 나를 이기려고 도약한다. 그럼 나는 또다시 아이의 뒤를 따른다. 이런 식으로 놀이가 이어졌다.

1908년경, 비엔나 대학의 젊은 의대생이었던 모레노는 아우가르텐 공원에서 아이들과 한 가지 놀이를 했다. 이 놀이가 훗날 모레노로 하여금 사이코드라마를 창조할 수 있게 한 "창조적 혁명"의 발단이었다. 나는 최근에 모레노가 자신의 삶에서 이에 대해 직접 조명한 부분을 읽으면서, 내가 피리 부는 사나이를 연상한 것을 스스로 대견스러워한 적이 있다.

> 언젠가 나는 아우가르텐 공원을 가로질러 걷던 중, 공원 근처를 배회하는 한 무리의 아이들을 보게 되었다. 내가 걸음을 멈추고 아이들에게 이야기를 들려주자, 놀랍게도 아이들은 게임을 멈추고 내 이야기를 들으려고 모여드는 것이 아닌가. 유모차를 끌고 가던 유모, 엄마, 아빠, 그리고 말을 탄 경찰관까지 내 이야기를 듣기 위해 모여들었다. 그 이후로, 나는 비엔나의 큰 나무 그늘 아래에 앉아

아이들에게 동화를 들려주는 일을 내 최고의 여가로 여기게 되었다. 가장 중요한 사실은 내가 마치 동화에서 나온 인물인 것처럼 큰 나무 아래 앉아 있었다는 것인데, 아이들은 마술 피리에 홀리기라도 한 것처럼 내 주위로 몰려 들어왔고, 단조로운 일상에서 벗어나 동화의 나라로 들어가는 경험을 하였다는 것이다. 내가 아이들에게 이야기를 들려주었다기보다는 이야기 자체, 즉 이야기 속의 사건과 분위기, 패러독스 등 비실제적인 것the unreal을 실제적real으로 만들었던 것이다. 나는 종종 나무 아래에서 일어나 높은 가지 위로 올라가 앉기도 했다. 아이들은 둥그런 원을 그리고 앉아 내 이야기를 들었는데, 첫 번째 원 뒤에 두 번째 원, 두 번째 원 뒤에는 세 번째 원, 이런 식으로 많은 동심원들이 이어져 나갔다. 이렇게 이어지는

원을 제한할 수 있는 것은 오직 하늘뿐인 듯했다(Moreno 1934: xviii).

모레노의 마술의 중심에 나무 그늘이 있었다면, 나에게는 손 인형들이 있었다. 그러나 정작 아이들을 잡아끄는 힘은 치료사의 자질이다. 아이들은 자발성이라는 연금술 덕에 치료사와 동등한 인격체로서의 만남을 경험하게 된다. 이 만남은 실제와 환상이 뒤섞인 아이들만의 세계 내에서 가능한 것이다.

아이들과의 작업은 지속적으로 변하는 관계의 틀 내에서 변화무쌍한 아이들의 움직임에 참여하는 행위를 포함한다. 지나고 나면 모든 것이 처음과 달라져 있음을 알게 된다. 이 책의 제목이 주는 모호함이 이를 잘 반영한다. "누가 조율tune할 것인가?"라는 질문은 가장 핵심적인 주제, 즉 치료사와 정서적으로 동요된 아이 사이의 힘의 균형을 의미한다. 이 힘의 균형은 계속적으로 변하며, 매우 민감한 사안이다. 아이에게 자신의 고유 영역에 대한 권리를 포기할 것을 종용하면 아이는 크게 저항하며, 이를 계속해서 요구하면 치료사를 절대 신뢰하지 않는다. 이 책에 담긴 치료는 아이의 이러한 기대에 계속 주의를 기울이고 있다. 필요한 경우에는 적절한 치료적 개입을 서슴지 않는 치료사로서의 책임이 필요함을 분명히 하고 있다. 치료사는 단순한 놀이 상대자playmate 그 이상이다.

책 제목은 또한 이 책 전반에 걸쳐 반영되어 있는 피리 부는 사나이의 이미지를 떠올리게 한다. 책 표지의 아이는 피리 부는 사나이의 피리 소리에 시선을 빼앗긴 듯하다. 아이의 얼굴에는 호기심과 자기 삶의 권리에 대한 기대가 분명히 드러난다. 아이들은 자신의 방식이 통하리라는 확신이 있을 때에만 이런 반응을 보인다. 아이는 판단을 유보한다. 떡갈나무 아래에서 피리 부는 사나이는, 아이와 처음 대면할 때, 모레노의 작업과 내 작업 사이에 관련성을 부여한다. 치료를 통해 아이가 비로소 이야기를 할 때, 자유스러움 속에서 자신의 목소리를 조율하는 아이의 모습을 보게 된다.

브라우닝의 피리 부는 사나이는 해믈린 마을의 지도자들과는 떨떠름한 관계를 보인다. 인간은 고립되어서는 그 존재를 논할 수 없기 때문에 정치적, 경제적 사안들을 떨칠 수 없는데, 이러한 내용들이 이 책의 곳곳에서 사람들의 삶을 방해하는 요소로 등장한다. 치료의 첫 번째 초점은 치료에 임하는 아이의 1차적인 정황에 맞춰지지만, 동시에 아이의 삶에 여러 모로 영향을 끼치는 다른 체제에 대한 인식, 이를테면 가족(혹은 가족을 대신할 만한 보호자), 이웃의 영향력, 정부나 국가의 시책, 급변하는 세계관들에 대한 인식까지도 포함한다. 이 책에 등장하는 아이들의 경우에도, 자신의 뜻과는 상관없이 자신의 이야기로 인해 혼란을 경험하기도 했다. 이는 아이들에게 마치 무기력한 드라마의 배우가 된 듯한 느낌을 갖게 하는 일이라 볼 수 있다.

이 책은 아이들의 삶과 충돌을 일으키는 사회 체제의 복잡한 내용들에 대한 완벽한 개관을 목표로 하지는 않는다. 그러한 목적을 이루기 위해서는 아주 방대한 연구 조사와 끝없는 토의를 필요로 하는데, 그것은 필자의 의도가 아니다. 이 책

은 아이들의 소리를 실어 나르는 도구가 되는 것으로 만족한
다. 아이들의 소리에는 우리가 귀 기울여야 할 명료함과 단순
함이 베여 있다. 이 핵심을 지키는 것이 이 책에서 가장 중요
한 사항이다.

1부. 배경

사진: Tony Terry

1. 이론적 틀

수년간의 아동 치료를 통해 나는 아이들이 솔직함, 단순함과 더불어 자기만의 거대한 동굴을 간직하고 있다는 사실을 알았고, 이 보호 장벽을 무너뜨리려는 어른들에게 대항하려고 하는 상당히 복잡한 욕구가 있다는 것을 알게 되었다. 이는 가족과 관련된 문제에서도 마찬가지다. 직접 소리 내어 외치지 않는다 하더라도, 아이들이 "이건 엄마, 아빠하고는 상관없는 일이야"라고 외치는 눈을 볼 수 있다. 일선 대학이나 상담 훈련 기관에서 어른들을 대상으로 가르치는 상담 이론들은 우리가 어떻게 해야 아이들의 사적인 공간에 들어갈 수 있는지를 결코 이야기해 주지 않는다. 하지만 나는 사이코드라마를 통해 그 방법을 찾았다. 아동 치료에 이 방법을 접목하면 할수록, 나는 모레노의 개념이 지닌 탁월함을 더 깊이 깨닫게 된다. 그는 어린 아이들의 평범한 놀이 방식을 잘 관찰하여, 이를 성인들을 위한 복잡한 치료 체계에 적용시키기 위해 노력했다. 모레노의 이러한 시도는 인간의 경험을 확장시켜 예기치 못한 심층depth 세계에 눈을 뜨게 했다. 사실, 사이코드라마의 원리를 놀이 치료에 적용할 때 아이들이 자신들의 자연스런 표현 방식에 아무런 제한을 인식하지 못하는 이유가 여기에 있다.

이 책 뒤에서 다루고 있는 실제 치료 세션 부분에는 단순함이 드러난다. 그러나 치료 과정을 그와 같이 단순하게 느낄 수 있도록 하는 일은 결코 단순한 일이 아니다. 기민하고 분석적인 치료사와 거리낌 없고 즐거움으로 가득 찬 놀이자play-mate라는 두 역할 사이에 미묘한 균형이 유지되어야 하며, 이 두 역할은 놀이자인 아이와 직접적으로 관계해 들어가는 치료사 안에 모아져야 한다. 나는 어린이를 위한 치료에 사이코드라마를 적용하는 방법을 연구하는 여러 나라의 사이코드라마티스트psychodramatist들을 알고 있다. 그들의 적용 방식은 다양하지만, 그 방식에 담긴 공통적인 기본 원칙은 같다. 하지만 이 공통 원칙을 주제로 다루고 있는 글들은 많지 않은 편이다. 따라서 나는 그동안 개인적인 탐구 과정을 통해서 얻게 된 적용 방식을 통해 그것을 설명하고자 한다. 아동을 위한 사이코드라마는 어떻게 하는 것인가? 무엇이 필요하고, 무엇을 피해야 하는가? 그리고 놀이 과정에 필수 요소인 자발성을 유지하면서도, 치료사와 놀이자 사이의 미묘한 균형에 관한 사안들을 계속 인식할 수 있으려면 어떻게 해야 하는가?

이 모든 것을 위한 출발점은 아동과 치료사 사이의 관계와 상호 작용에 있다. 만일 이 출발선상에 치료사와 놀이자 간의 상호 존중, 동등한 자세, 미지에 대한 열린 마음, 융통성, 치료에 임하는 기쁨이 없다면 사이코드라마의 전개는 기대할 수 없다. 치료에는 기술이 따르게 마련이고, 기술은 배움과 실습을 통해 습득된다. 하지만 어느 기술이건 간에 그것을 아이들에게 강요하고, 위에서 언급한 특징들을 배제한 채 실행한다면 그 가치를 찾기는 힘들 것이고, 치료사는 결국 좌절감과 무력감을 경험하게 될 것이다. 이 책은 "도구 세트kits and pack-ages"나 즉흥적으로 쉽게 적용할 수 있는 그런 공식들을 제공하지 않는다. 사이코드라마의 배후에 있는 철학적인 이해를 뒤로 한 채, 기술적인 것에만 관심을 가지고 책을 훑어 내려간다면, 그것은 헛수고가 될 것이다. 일전에 한 치료사가 내게, "저는 꼭 필요한 요점만을 빨리 끄집어 낼 수 있습니다. 그래야 불필요한 사족에 얽매이지 않고 기술을 다른 사람들에게 전수하지요"라고 이야기한 적이 있다. 참 좋은 말이다. 얼마나 좋은 말인가? 필요한 요점만 집어낼 수 있다니…. 하지만 그런 치료에는 앞을 내다보는 비전이 없다. 이런 식의 치료는 처음부터 끝까지 통찰력이 결여된 채 진행되다가 끝나고 만다. 치료의 본질과 동떨어진 그런 "기법"은 사실상 죽은 것이다.

주요 이론적 영향

이 책이 제안하는 바가 단순한 도구 세트에 불과하지 않다면, 이 책이 다루고자 하는 것은 과연 무엇인가? 주요 개념들을 심도 있게 다루는 준비 단계에서, 우리가 던지는 질문들은 우리가 발견하는 사실들만큼이나 중요하다. 아동뿐 아니라 성인과의 작업에서 치료사가 가지고 있는 이론적 틀은 많은 것을 좌우한다. 사이코드라마를 접하기 전, 나는 미국의 심리학자인 조지 켈리George Kelly의 글에 심취한 적이 있다. 켈리(1955)는 실재reality를 바라보는 개인의 독특한 관점을 깨닫는 게 중요하다고 했다. 그는 인간을 세상과 세상에서 일어나는 모든 것을 이해하기 위해 끊임없이 가설을 세우고 검증하는 과학자로 보았다. 과학자로서의 인간은 아주 단단하게 얽힌 구성 체계system of constructs를 결론으로 내어 놓는다. 각 체계는 각 개인이 겪는 수많은 독특한 경험들에서 만들어지며, 그렇기 때문에 그것을 만든 개인은 아주 고유한 특성을 지니게 되는 것이다.

치료사가 만나는 모든 아이들은 그러한 체계를 이루어 나가는 과정 중에 있다. 아이들의 "핵심적 구성 개념core construct"은 치료사에게 중요할 수도 있고 중요하지 않을 수도 있다. 아이의 핵심적 구성 개념은 상호 의존적인 체계에 적응할 준비가 되어 있는 경우에만 변화가 가능한데, 그런 일은 좀처럼 일어나지 않는다. 누군가의 핵심적 구성 개념이 위협을 받거나, 또는 그것을 지킬 권리를 보호받지 못할 때, 방어 기제defence mechanism가 작용한다. 치료사가 아동의 주관적 실재를 존중하지 않으면, 결국 치료사는 아이에게 거부당할 뿐이다. 이제 더 이상 치료사는 아이에게 가까이 다가갈 수 없다. 아이는 계속해서 자신의 사적 영역을 고수하면서 그 안타까운 상태를 끝까지 지속하게 되는 것이다.

켈리 자신도 이런 존중의 필요성을 주장했다. 그가 말하기를, 만일 자신의 이름이 후세에 계속 기억된다면, 그것은 자기가 개인적 구성 개념 이론personal construct theory을 고안해 냈기 때문이 아니라 자기가 말한 "첫 번째 원칙first principle" 때문일 것이라고 했다. 그가 말한 '첫 번째 원칙'이란 "만약 환자의 문제가 무엇인지 잘 모르겠거든, 그에게 직접 물어보라. 그러면 그가 말해 줄 것이다"이다(Kelly 1955: 12).

이 책에 기술한 작업에 가장 큰 영향력을 끼친 모레노 역시 존중을 강조한다. 그는 사이코드라마를 위한 중요한 세부 사항이 확실치 않을 때는 언제라도 치료사가 주인공protagonist에게 확인해 볼 것을 당부했는데, 그는 이것을 "사회 조사social investigation"라고 불렀다. 치유 능력에 관한 한, 전체 사이코드라마의 테크닉은 치료사가 주인공의 내적 세계를 존중하며, 비통제적인 방법으로 그 내적 세계로의 개입을 이어 나가는 능력에 달려 있다. 이 책의 후반부는 이런 과정이 어떻게 이루어질 수 있는지 설명하면서 우리의 이해를 도울 것이다.

모레노의 사상과 그가 제시한 방법에 따른 나의 경험적 훈련이 이런 치료의 중심이 되었다. 하지만 실제 치료에서 아이들이 주도권을 잡게 되는 경우도 종종 있었다. 그 과정에서 나는 내가 지금까지 알고 있던 것만큼이나 아이들에게서 새롭게 배운 것을 중요시하고 그것에 기초를 두어야 한다는 사실을 발견했다. 이 점을 분명히 알아야 한다. 실제로, 나는 다른 이론가들의 연구들을 나의 작업과 연구에 동력으로 삼지 않았다. 그러나 시간이 지나면서, 다른 이론가들의 통찰력이 내게 어떤 도구를 제공하였고, 즉시 결정을 내려야 할 때 잠재적으로 영향을 끼쳤음을 인정하게 되었다. 따라서 사이코드라마를 기반으로 하지는 않지만, 이와 연관성이 있는 치료사들의 연구를 비교해 보는 것도 가치 있다고 본다.

다른 이론들과의 비교와 대조

일례로, 존중이라는 주제를 생각할 때, 밀턴 에릭슨Milton Erickson(1958)을 생각하지 않을 수 없다. 그는 수용acceptance 이론으로 유명하다. 그가 아동의 증상 연구에 사용했고, 후에는 치료 놀이로 변형하기도 했던 놀이 방법들은 창의적인 수준 이상이다. 그가 고안한 놀이 방법들은 각 아동이 갖고 있는 존재론적 입장의 권리를 깊이 인식하면서 출발하였다.

버지니아 액슬린Virginia Axline(1964)은 『딥스*Dibs in Search of Self*』라는 책 전반에 걸쳐 이와 비슷한 민감성을 보였다. 그녀는 언제나 전적으로 딥스의 준거 틀frame of reference을 수용하였다. 이에 대한 좋은 예는 그녀의 제안을 거부하던 딥스와의 이야기 중에 "네 집에 있는 것처럼 마음을 편하게 갖기를 바란다"라고 언급하는 부분에서 잘 드러난다. 그러자 딥스가 응답했다. "집 말고, 놀이방이라면 가능하겠지요!" 이에 대해 그녀는 "그렇구나, 좋아, 놀이방에서처럼 편하게 하렴"이라고 말했다(Axline 1964: 122).

위니컷D. W. Winnicott의 자료들도 참고할 만하다. 그는 아이로라는 핀란드 출신의 어린 소년을 연구하면서 아이를 전적으로 존중하며, 강력하고 신중한 방식으로 행해지는 치료의 또 다른 관점을 보여 주었다(Winnicott 1971: 12-27). 위니컷은 아동을 이해하는 데 다분히 직접적인 성적 측면 위주의 해석을 중시한 정신분석학 노선에 속한 클라인M. Klein 학파 치료사들의 놀이 개입을 신뢰하지 않았다. 그는 치료사도 (내용이나 타이밍에서) 실수할 가능성이 있다는 점을 인정하여, 아이들과의 놀이 도중에 치료사가 유연성 없이 해석에 개입하는 것을 원치 않았다. "독단적인 해석은 아이들을 두 가지 선택에 놓이게 할 뿐이다. 치료사인 내가 주장하는 대로 수용하거나, 아니면 치료사인 나, 나의 해석, 그리고 나아가 치료의 전체 과정을 거부하는 것이다"(Ibid: 9-10).

사이코드라마에서 "해석"은 좀 더 모호한 성격을 띤다. 아이들과의 작업에서, 해석은 치료사인 내게 중요하다고 판단되는 메타포(은유)를 극대화시키거나, 이중 자아를 동원해 주인공의 감정을 표현하는 방식으로 사용된다. 이는 놀이에서 심상을 담은 행동이나 말로 표현한 생각의 이면에 아직 표현되지 않은 감정, 몸동작, 또는 강한 움직임을 표출하게 한다. 그러면, 아이들은 자유로이 그 심상을 넓혀 가거나 새로운 방향으로 이동해 간다. 이런 관점에서 본다면, 해석은 아이의 몸짓언어body language나 심상imagery을 통해 의미심장한 요소를 읽어 내는 것이라 할 수 있다. 놀이에서 이러한 순간적 판단은 매우 중요하다. 클라인(1932)은 놀이 가운데 나타나는 이러한

순간적 판단에 있어 그 정확도와 속도 그리고 타이밍의 중요
성을 강조한 바 있다.

> 의미심장한 요소를 신속하고 정확하게 간파할 때, 우리는
> 주어진 사례의 구조와 환자의 감정 변화 사이의 관계에
> 빛을 밝히는 순간을 얻게 되며, 이때 잠재되어 있던 불안
> 과 그 속에 감춰진 죄의식을 재빨리 알아차릴 수 있게 된
> 다. 이는 올바른 해석을 내리기 위한 첫째 조건이 된다.
> 올바른 해석은 불안이 일고 있는 환자의 심경을 시의 적
> 절하게 꿰뚫을 것이다(1932: 30).

아이들과의 작업에서, 이러한 판단은 부분적으로는 아동의 성
장 과정, 내가 일반적으로 알고 있는 아동 발달 이론 연구와
내 개인적인 경험으로 알게 된 아동에 대한 지식, 그리고 아동
의 몸짓 언어를 관찰하는 데서 비롯된다. 이러한 도구들은 순
간적인 통찰력을 통해 치료 작업에 도움이 되어야 한다. 치료
가 필요한 적기에 이들을 사용하여 그 찰나를 섬세하게 포착
하지 않으면 이미 때는 늦게 되는 것이다.

사이코드라마 디렉터는 몸짓 언어를 재빠르게 읽을 준비
가 되어 있어야 한다. 이때 섣불리 판단하기보다는 주인공에
게 물어보는 태도가 필요하다. 나는 최근에 이와 관련된 두 글
을 비교할 기회가 있었다. 하나는 프로이트의 글이며, 또 하나
는 프리츠 펄스Fritz Perls의 지도를 받은 게슈탈트 치료사들이
쓴 글이었다.

> 보는 눈과 듣는 귀를 가진 사람이라면, 이 세상의 유한자
> 인 인간에게는 영원한 비밀이 없다는 사실을 분명히 알
> 수 있다. 사람의 입술이 침묵한다 할지라도 입 대신 손가
> 락이 발설할 수 있듯이, 인간은 모든 통로를 통해 자신의
> 상태를 드러내고 만다(Freud, 1905: 94).

위에 기술된 다소 과격한 어조의 글은 다음의 글과는 대조적이다.

> 결국 게슈탈트 치료에서 중요한 것은 말할 때 음성의 톤,
> 자세, 몸짓, 얼굴 표정 등이다. 이런 비언어적 의사소통의
> 변화를 보여 주는 작업은 상당히 중요한 의미를 지니게
> 된다. 이런 비언어적 의사소통을 유형화하여 이해한다는
> 것은 아주 어려운 일이며, 오히려 의미와 즉각성
> immediacy을 잃게 만든다(Fagan and Shepherd, 1970: x).

게슈탈트 이론가들의 이해는 몸에서 나타나는 신호들signals을 간파하는 사이코드라마티스트들의 접근 방법에 훨씬 가깝다. 펄스의 글과 게슈탈트 치료사들이 이용하는 상당수의 기법들은 사이코드라마를 공부하는 학생들에게 매우 친숙하다(예를 들어, "리허설"과 "과장 게임," "빈 의자 기법," '역할극' 등). 펄스가 (에릭 번과 포우크와 함께) 1940년대에 매주마다 모레노와 함께하는 그룹 모임에 참석했다는 사실은 별로 놀랄 만한 일이 아니다. 그때 이들은 아주 비슷한 생각들을 나누었을 것

이다. 그러나 안타깝게도 펄스는 스승이었던 모레노에게 빚을 지고 있다는 사실을 끝까지 인식하지 못했다(Marineau 1989: 184).

나의 작업 과정에서 이러한 조용한 몸의 언어는 아동이 가진 정서의 강도를 말해 준다. 몸은 때로는 높은 에너지를, 또 때로는 예기치 않은 고요함을 표현한다. 프로이트와 달리, 나는 이것을 주인공이 자신의 소망을 숨기거나 거짓말을 하기 위한 수단이라고 여기지 않는다. 그것은 아이의 정서적 윤곽을 나타내는 지도와 같다. 몸의 언어는 그 아이의 내부 정경을 이해하거나 그것에 한 걸음 더 다가서는 데 도움이 된다. 이러한 작업 방식은 치료사의 힘을 강조하거나, 환자와의 거리를 유지하고 실행하는 분석과 판단, 또는 환자를 진단하고 분류하는 데 역점을 두는 이론 중심의 치료사에게는 성공적인 방법으로 보이지 않을 것이다.

그렇다고 분석을 완전히 배제해도 된다는 것은 아니다. 분석은 사이코드라마를 기본으로 하여 펼쳐지는 놀이 과정에서 발생하는 중요한 상호 과정의 필연적 요소이다. 치료사는 놀이 과정에서 개입에 따른 아이의 반응, 이야기 중에 나온 아이의 말이나 행동에 계속 집중해야 한다. 아이가 갑자기 눈을 크게 뜬다든지, 아주 잠잠해지거나 불편해하면서 갑자기 화제를 돌린다든지, 또는 평화롭고 즐거워하거나 안심하는 얼굴 표정을 짓든지 하는 모든 것들을 잘 관찰하여야 한다. 이를 통해 치료사는 아이의 문제가 지닌 핵심 부분을 정확하게 짚어 낼 수 있으며, 아이에게 지금은 알리거나 건드릴 준비가 안 된 어떤 고통스런 부분이 있음을 알게 된다. 이러한 관찰들이 아이 스스로 조심스레 구성해 온 내면세계를 더 잘 이해하기 위한 것이라면, 아이는 이를 접하더라도 외부로부터 위협을 받는다고 느끼지는 않을 것이다. 치료사와 아이 사이의 기쁨에 찬 상호 놀이는 치료사가 아이의 반응을 읽고 적절히 개입한 이후에도 이전에 얻은 통찰이 잘 유지되면서 계속될 수 있다. 치료사는 아이가 스스로를 개방하는 곳이라면 어느 곳이든 함께 흘러 들어가되, 치료가 진행되는 동안 발견한 통찰을 억지로 놀이에 주입하려 해서는 안 된다.

이 작업과 관련된 기술의 성패는, 치료사가 분석적인 관찰자로서의 역할을 잠시 접어두고 얼마나 자발성을 잘 유지하며 아이와의 놀이 중에 생길 수 있는 예기치 못한 도전에 개방적으로 접근하느냐에 달려 있다. 이는 아이들의 자유를 방해하지 않으면서도 놀이 전반에 걸쳐 아이를 따라가는 것과 이끄는 것 사이의 절묘한 조화를 필요로 한다. 아이를 중심으로 하는 사이코드라마에서는 자발성이 전체 과정의 핵심 요소이다. 하지만 그렇다고 해서 완전히 형식 없는 자유 연극의 노선을 따르는 것은 아니다. 이는 프로이트의 정신분석적 해석에 큰 강조점을 두면서 접근하는 멜라니 클라인의 놀이 치료(Klein 1932)와는 분명히 다르다. 아이를 통해 얻는 통찰은 두말할 나위 없이 아동의 초기 발달 단계에 감추어진 세계와 연관이 깊지만, 여기서 추구하는 치료 유형은 그 연관성을 명백히 밝히는 데 목적이 있는 것은 아니다.

지금까지 이 책에서 다소 막연하게 사용한 용어들의 핵심을 심도있게 정리할 필요가 있다. 사이코드라마란 무엇인가? 무엇이 이를 그토록 강력하게 만드는가? 앞에서 언급된 사이코드라마의 "방법method"과 "개입intervention"은 정확히 무엇을 의미하는가? 이 질문들에 답하기 위해, 우리는 모레노의 글에 담긴 모호함을 다시 살펴보고, 그의 아동 발달 이론을 배경으로 사이코드라마를 이해할 필요가 있다. 이 과정에서 어느 정도의 지적 훈련이 요구되는데, 이는 정말 가치 있는 일이다. 우리가 이 훈련을 마칠 무렵, 아이들의 이야기에 한 줄기 더 강한 빛이 비치는 것을 보게 될 것이며, 아동의 놀이가 갖는 효과를 더 잘 알게 될 것이다. 또 놀이라는 맥락 안에서 치료사가 갖는 치유자 및 촉진자provocateur로서의 역할도 한층 더 분명히 이해할 수 있게 될 것이다.

2. 자발성 – 사이코드라마의 연결고리

과학보다 더 중요한 것은 그 결과이다.
한 가지 대답은 백 가지 질문을 낳는다.
— 모레노

프로이트가 인간 발달에 관한 혁신적인 정신분석학 이론을 발표한 이래, 이 새로운 인간 이해 방식은 지금까지 발전을 거듭해 왔다. 하지만 정신분석의 연구 대상이 물리적으로 측정 가능한 분야가 아니므로, 지금도 이 이론은 논쟁의 대상이며, 앞으로도 이러한 논쟁은 계속될 것으로 보인다.

이미 1944년에 발표한 글에서 밝혔듯이, 모레노는 대니얼 스턴Daniel Stern(1984)이 "시간을 거슬러 올라가 작업하기working backward in time"라고 명명한 정신분석학에 대하여 오랫동안 불편한 심기를 드러내 왔다. 모레노는 정신분식과 사이코드라마가 비슷한 작업이라는 주장을 일축한다. "정신분석가들은 외상을 찾아 과거로 거슬러 올라간다. 하지만, 사이코드라마티스트들은 행위act를 좇아 앞으로 나아간다"(Moreno and Moreno 1944: 44).

마리뉴가 지적하듯이, "모레노는 '무의식' 보다는 '의식'의 흐름을, '과거' 보다는 '지금 여기,' 그리고 환자의 '저항' 보다는 현재의 '창조성'에 더 큰 관심을 가지고 있었다" (Marineau, 1989: 31).

자발성 이론과 아동 발달

1944년 훨씬 이전, 모레노는 사이코드라마와 소시오드라마 체계를 개발한 바 있다. 이 체계는 초기 아동 발달에 영향을 끼치는 주요 요인에 관한 새로운 가설을 중심으로, 매우 복잡한 행동 요법에 기반을 두고 있다. 그리고 모레노는 아동기에 관한 자신의 입장을 가설로 내놓으면서 다음과 같이 언급한다. "여기 제시한 인간 경험의 가장 신비스러운 시기는 아직 많은 부분이 밝혀지지 않았지만, 이에 관한 가설은 앞으로 입증될 수도, 기각될 가능성도 있다는 전제 하에 놓여 있다"(Moreno and Moreno 1944: 41).

그의 이론들은 동시대 사람들의 이론과는 첨예하게 다른 양상을 띠고 있다. 당시 그의 글은 상당 부분 따라가기 힘들 정도로 아주 새로웠고 이전과 전혀 다른 표현을 썼다. 무엇보다도 그가 내세운 중심 개념들은 너무나도 생소하고 예상치 못했던 내용들이라 많은 사람들이 이해하기 매우 힘든 것이었다.

그는 유아의 초기 기능의 중심에 자발성 요인이 있음을 주장했다. 그는 심지어 아직 태어나지 않은 아이도 어머니와 함께 출생의 순간을 향하여 나아가는 협력자로 보았다. 그는 탄생을 하나의 외상이 아닌 "유아와 산모 모두에게 깊이 다가오는 카타르시스"로 보았다. 모레노에 따르면, 탄생이라는 사건은 아기가 엄마와 파트너가 되어 10개월을 함께 준비하여 이루게 되는 행사인 셈이다. 그는 다른 동물들에 비하여 인간에게는 엄마의 자궁이 주는 안전함에서 벗어나 외부 환경으로 점차 확장해 나아가려고 하는 "행위 갈증act hunger"이 있다고 보았다. 이는 아동 발달 이론과 관련하여 완전히 새로운 이해의 틀이었다. 정신분석학적 관점과는 대조적으로, 모레노는 다음과 같이 언급했다.

> 아동의 발달을 논함에 있어서 자발성 이론은 '진보pro-gression'적으로 유아의 성장을 평가하는 것이다. 이는 그동안 아동의 성장을, 아동의 지체retardation와 퇴행 regression이라는 면에서 평가한 것과 사뭇 다른 것이다 (Moreno 1946: 67).

이 "자발성 요소"의 개념은 어느 정도 설명할 필요가 있다. 하지만 그에 앞서 이야기의 방향을 잠시 돌려, 신생아가 출생 초기에 자신의 인생에 보다 적극적으로 관계해 펼치는 활동을 조사한 현대의 몇몇 연구 증거들을 살펴볼 필요가 있다. 일례로 버그 부부(Berg and Berg, 1979)가 행한 연구는 유아기 때 아기가 보여 주는 "관심interest"이 태어날 때부터 분명하게 존재하는 인간의 정서라고 정의한다. 이를 통해 아기는 성장을 하면서 주변 자극의 강도와 복잡성의 변화에 따라 지속적으로 반응한다는 것이다. 프리드리히(Friedrich 1983)는 루이스 립싯(브라운 대학 아동 연구 센터 감독)의 말을 인용하여 다음과 같이 주장하기도 한다.

> 인간은 유아기 때 놀라울 정도로 주변 환경과 조화를 잘 이루면서, 유아기의 수행 과제들을 잘 수행해 나간다. 유아의 생명 유지력, 다른 사람들과의 접촉, 그리고 해로운 자극을 받았을 때 자기를 방어하는 모습이 그 증거이다.

이 세 기능이 아기의 출생 직후부터 바로 시작된다는 사실을 증명하는 연구 결과들이 있다(예: 태어난 지 12시간 된 아기가 불쾌한 물질에 거부반응을 보인다). 또 다른 연구에서 맥케인 등(MacKain et al 1981)과 컬과 멜트조프(Kuhl and Meltzoff 1982)는 각자 서로 다른 실험을 통해 유아가 시각적인 이미지와 소리 사이의 연관성을 인식할 수 있다는 사실을 발견했다. 유아에게 동시에 다른 소리를 내는 얼굴 표정을 보여 주고 이 얼굴 표정들 중 한곳에서만 소리가 나도록 하자, 유아의 관심이 소리를 내는 얼굴로 향하는 것을 볼 수 있었다. 유아들은 소리와 입의 움직임을 연결할 줄 알았다. 필드 등(Feild et al 1982)은 태어난 지 이틀 된 아기가 어른의 찡그린 얼굴이나 미소, 놀라는 얼굴 표정들을 따라한다는 연구 결과를 발표하기도 했다.

　가장 의미심장한 연구는 멜트조프와 무어(Meltzoff and

Moore 1977)가 태어난 지 불과 12일 된 아기가 어른이 혀를 내미는 것을 모방할 수 있다고 주장한 것이다. 이는 두 개의 서로 다른 활동(시각과 근육 운동)을 뇌가 통합하여 인식할 수 있음을 시사한다. 물론 심리학자들은 이러한 능력을 사고 과정의 필수적인 첫 단계로 본다.

『유아의 대인 세계 *The Interpersonal World of the Infant*』라는 책에서 다니엘 스턴(Stern 1985)은 아기의 지적 능력을 다룬 많은 연구들에 대해 좀 더 상세하고 분석적인 견해를 피력한다. 스턴은 이 연구에서 몇 가지 복잡한 사안들을 제시하며, 유아가 "초형식적 표현 양식supra-modal form"을 통해 정보 처리를 가능하게 하는 "타고난 보편 능력innate general capacity"을 지니고 있다고 주장한다. 물론 이 능력은 우리에게 익숙한 감각 모드를 초월하는 것으로서 아직 그 특성이 완벽하게 규명되지는 않았다. 스턴은 아기의 그런 인지 작용을 다음과 같이 설명한다.

> "이는 형태들modalities을 갖춘 것에 대하여 직접적인 해석을 하는 그런 단순한 사안이 아니다. 오히려, 여전히 불가사의하고 비형태적으로 **표상화**amodal *representation*된 것들을 코드화encoding하는 작업으로서, 이런 과정이 있은 후에야 비로소 감각 모드sensory mode로 인식하는 것이 가능해진다(Stern 1985: 51).

스턴의 연구는 다음과 같은 질문을 낳는다. '아이들은 이

미 자기가 알고 있는 것을 어떻게 아는 것인가?'

초기에 모레노는 컴퓨터의 도움 없이도 주어진 친숙한 정보들을 완전히 새로운 방법으로 전환하면서 자신의 관찰을 계속 수행하였다. 이제 그의 사고로 돌아가 그가 수년간 치료사로서 발전시켜 온 사이코드라마의 방법을 따라 유아에 대해 관찰한 내용을 살펴보자.

> (아이들의) 욕구needs는 먹거나 잠을 자고 공간을 이동하는 데 도움이 된다. 아동의 관점에서 볼 때, 주변의 조력자(엄마)는 혼자의 노력으로는 먹고 자는 등의 행위를 수행하기에 너무 약하고 미성숙한 아기를 돕는 아기 몸의 연장extension으로 볼 수 있다(Moreno 1946: 581).

모레노는 아이 주변에서 도움을 주는 어른들의 존재를 "보조 자아auxiliary egos"라고 부른다. 유아와 이 보조 자아와의 상호작용이 발달해 가면서 아동의 자아도 점차 발달되는데, 이는 일련의 역할들과 역할 바꾸기role reversal의 형태로 나타난다. 현대의 여러 연구 역시 이런 관점에서 아이의 발달을 다루는 경향이 있다(Field 1982; Meltzoff and Moore 1977를 보라).

모레노는 유아의 긴 의존 기간을 다음과 같이 설명한다.

> [유아의 긴 의존 기간은] 영장류의 유아가 벗어났던 세상과는 비교할 수 없을 정도로 훨씬 더 복잡한 세상으로 들어가기 위한 발전과 성숙의 열정적 수련 기간이다. 이 기간

동안 일어날 성공적 통합을 위하여 유아는 아주 큰 자원을 필요로 한다(그 자원이란 S요소[자발성의 요소]이다)(Moreno 1946: 67).

이제 이 S요소를 좀 더 면밀히 검토할 때이다. S요소란 무엇인가? 그리고 모레노가 말하는 "자발성"은 무엇인가? S요소에 대해 모레노는 다음과 같이 이야기한다.

대자연은 새로운 구성원new comer이 나타날 때마다 그에게 은혜의 요소를 베푸는데, 이 덕분에 새로운 구성원은 이 광활한 우주에서 임시로나마 안전하게 머무를 수 있게 된다. 이 요소는 새로 태어난 아이의 몸 안에 저장되어 있는 에너지와 구별되는 좀 더 큰 요소이다. 이 요소 덕분에 아이는 자신을 초월하고 새로운 상황에 들어갈 수 있게 된다. 이 요소는 아이의 유기체를 지탱하고 자극하며 그것에 속한 구조들을 변화시켜 새로운 역할을 갖게 한다. 이 요소를 가리켜 우리는 '자발성'(S요소)이라고 할 수 있다(Ibid: 50-1).

자발성은 정의하기 어렵다. 하지만 어렵다고 해서 그것의 의미를 더 이상 묻지 않아도 되는 것은 아니다(Ibid: 103).

모레노가 말하는 '자발성'은 라틴어의 sponte, 즉 "자유 의지의"라는 뜻에서 유래하였다:

이는 필요한 경우 응답하기 위한 주체의 준비됨이다. 이
것은 주체의 상태 또는 상태 조정을 말하며, 자유 행위
free action에 앞선 주체의 준비를 가리킨다(Ibid: 111-2).

위의 진술이 갓 태어난 아기, 또는 태어난 지 얼마 되지 않은
유아와 같이 인지력과 의사 결정력이 어느 수준 이상의 단계
에 도달하지 않은 경우에도 적용된다면, 쿡(Cooke 1996)은 모
레노의 의견에 이의를 제기할 것이다. 쿡은 그녀의 연구(1978)
에서 "응답response"과 "반응reaction"의 차이를 명확히 구분지
었다. 그녀에 따르면, 응답은 인지와 의사 결정을 수반하는 개
념이다. 그리고 그녀는 유아를 단순히 "반응"하는 존재로만
이해했다(Cooke, 1996: 43-5). 하지만 모레노에게 이 응답과 반
응 사이의 차이점은 분명해 보이지 않는다. 사실, 모레노의 언
어와 논의를 전개하는 양식은 임상 심리학자의 입장에서 볼
때 정확성이 부족한 편이다. 그리고 모레노의 글을 읽는 것만
으로는 그가 말하는 개념들을 만족스럽게 이해하기 쉽지 않
다. 내가 볼 때, 그의 글들은 그가 임상에서 실제로 개발한 강
력한 요법들에 비하면 주목도가 떨어진다. 하지만 스턴(1985)
은 모레노의 주장이 갖고 있는 특성이 과학적이지 않을지라도
다른 중요한 가치가 있음을 다음과 같이 주장한다.

그가 내놓은 이론의 가치는 아직도 증명해야 하는 과제
를 안고 있다. 그리고 가설로서도 이 이론에 대한 탐구가
더욱 절실하다고 본다. 과연 이 이론은 검증 또는 무효화

하는 방법을 통해, 그리고 그의 이론이 다른 분야에 끼친 파급 효과와 공헌점을 통해 평가 가능한 과학적 가설로 받아들인 수는 있는가? 그렇지 않다면, 그의 이론에 나타난 은유적 특성이 실제 치료에서 입증된 효과를 중요시하여 임상 현장에서 이용할 수 있는 임상적 은유clinical metaphor로서 받아들이는 것이 옳지 않을까? (Stern 1985: 275)

모레노의 천재성은 과학적으로 검증 가능한 가설 창출에 있다기보다는 사이코드라마가 가진 "치료적 효과"에 있다. 훈련 기간 중 나는 스턴이 언급한 "임상적 은유"의 효과를 경험한 바 있다. 우리는 난해한 내용이 담긴 묵직한 학술서가 아니라 서로의 삶을 교과서로 하여 작업하였는데, 바로 그것을 통해 나는 사이코드라마가 갖는 변혁의 잠재력transforming potency을 발견할 수 있었다. 이것이 내가 아동과의 작업에 모레노의 방법을 사용하기 시작한 이유이다.

그러나 사이코드라마를 뒷받침하는 사상에 대해 모레노가 글로 표현한 부분은 좀 더 귀 기울여 볼 가치가 있다. 그는 자발성과 창조성의 중요성에 대해 언급했고, 행동 요법action-therapy이 가진 근본적이며 보편적인 특징에 대해 이야기했다.

모레노(Moreno and Moreno 1944: 46)는 사이코드라마의 틀 안에서 아동의 발달에 관한 이론을 이야기하면서, 자발성을 새로운 상황이 닥쳤을 때 적절하게 반응하는 것 또는 익숙한 상황에 새롭게 반응하는 것이라고 정의했다. 그는 이후에도 이런 주장을 계속한 바 있다.

> 새로운 상황이 닥쳤을 때의 반응은 타이밍에 대한 감각,
> 적절한 상상력, 그리고 긴급한 상황 속에서 적절하게 자
> 기를 움직이는 어떤 근원적 능력을 필요로 하는데, 이는
> 정말 특별한 기능이다(1946: 93).

모레노는 유아에게 그러한 기능이 필요하다고 믿었다. 유아는
놀라운 상황에 많이 직면하게 된다. 하지만, 이때의 놀라운 경
험은 예상치 못한 상황만을 두고 하는 말이 아니다. 한 개인이
전에 경험한 적도, 이렇다 할 길잡이도 없는 상황에서 반응할
수 있다는 사실 역시 놀라운 일이다. 이는 수년간 아동들을 관
찰하여 얻은 범주들에 부합하는 반응을 어린 아이가 보여 주
기 때문이다. 물론 어른들은 이런 행위를 다년간의 경험에 의
해 예측하며 행동할 수 있다. 하지만, 전혀 예상치 못한 새로운
상황에 맞닥뜨렸을 때 발현되는 유아의 능력은 아주 독창적인
데, 그 아이가 맛볼 승리의 감격이란 이루 말할 수 없는 것이
다. 바로 이 아이에게 'S요소'가 작용했다고 볼 수 있다.

모레노는 자발성을, 유전 인자나 사회적 힘에 의해 결정된
범주를 넘어서는 것으로 보았다. 또한 지능이나 기억, 연상력
처럼 연구하고 측정할 수 있는 요소로도 보지 않았다(Moreno
and Moreno, 1944: 44). 그는 자발성과 창조성이야말로 리비도나
여타의 동물적 추동drive의 부산물이 아닌, 가장 우선적이며 긍
정적인 현상으로 간주해야 한다고 주장했다(Ibid: 7).

여타 이론들이 그렇듯, 모레노의 견해 역시 현존하는 지식을 체계화하는 또 하나의 방향을 제시해 주며, 이는 새로운 지식의 발견을 위한 큰 길을 열어 준 것이다. 이러한 길이 열릴 때, 다음에 발견될 지식이 무엇인지 가늠해 볼 수 있다. 이렇게 모레노가 열어 놓은 길을 따라 사이코드라마의 고전적 형태가 발전하였다. 모레노는 그의 중심 가설이 미래의 유전 공학에 의해 여지없이 기각될 것임을 알았지만, 이 가설을 시험해 보기로 결심하였다. 모레노는 다음과 같이 말했다.

> 내가 유전과 환경 사이에 어떤 독립적 영역이 존재한다고 주장하면 현재의 생물 유전 분야와 사회 연구 분야는 나의 이 자극적 발언으로 인해 난리가 날 것이다. … 바로 이 영역이야말로 인간의 발명성과 창조성이 태동하는 곳인데 말이다[예: S요소가 가득한 곳]. S요소야말로 자발적이고 창조적인 인격이 자라나는 토양이다(Moreno 1946: 51).

흥미롭기는 하나, 이 주제를 다룬 모레노의 방대한 양의 글을 여기서 요약하는 일은 내 논의 밖의 문제이다. 이 책의 핵심이라 할 수 있는 아동의 목소리가 공교한 이론적 관점의 토론에 휘말려 제 소리를 못 내서는 안 되기 때문이다. 하지만, 이 시점에서 아동과 내가 벌인 작업들에 큰 영향을 끼친 사이코드라마적 방법의 특성들을 간략하게 정리해 보는 것은 가치 있고 꼭 필요한 작업이라 본다.

사이코드라마

모레노의 이론을 정립하는 데 무엇보다 중요한 것은 자발성과 창조성, 그리고 "행위act"가 갖는 근본적 의미다. 모레노는 사이코드라마 기법의 5가지 구성 요소를 다음과 같이 기술하고 있다.

1. 무대
2. 주인공
3. 디렉터
4. 보조 자아
5. 청중

■ 무대
모레노의 개념에 따르면, 무대는 원형 형태이며, 은유적으로 사용될 수 있는 여러 층으로 형성된multi-layered 공간이다(은유의 예: 이 공간은 열망의 단계 또는 다양한 시간의 측면을 나타냄).

■ 주인공
주인공은 무대 위에서 자신의 주관적 세계를 묘사한다. "주인공은 마음속에 일어나는 생각대로 자유롭게 행위해야 한다. 이것이 바로 주인공에게 표현의 자유, 즉 자발성이 주어져야 하는 이유이다"(Moreno 1946). 주인공은 자신의 개인적 문제를 다룬다. 무대 위에서의 실연이 치료적 깊이를 획득하기 위해서는 주인공과 디렉터 사이에 신뢰 관계가 형성되어야 한다.

■ 디렉터

디렉터는 다양한 기법으로 주인공을 도와 자발성을 가지고 행위화에 이르도록 도와주는 역할을 한다. 이러한 기법들은 장면 구성, 이중 자아 사용, 거울 기법, 극대화, 구체화, 보조 자아의 사용 등을 두루 포함한다. 내가 사이코드라마를 아동에게 적용했을 때 사용했던 방식으로, 이 기법들은 다음과 같이 정의할 수 있다.

• 이중 자아(분신): 주인공 옆에서 아직 표현되지 않은 주인공의 내면의 감정들에 공감하여 말이나 움직임의 방식으로 재창출해 내는 역할이다(나의 아동 치료에서 이중 자아는 주인공을 위한 보조적 역할보다는 인형을 이용한 분신으로 확장하여 사용하기도 한다).

• 거울 기법: 디렉터가 주인공의 기분이나 말하는 스타일, 또는 주인공이 지금 막 행한 행위를 재생하여 주인공으로 하여금 되새겨볼 수 있게 하는 것을 말한다.

• 구체화: 단순히 말로 표현된 상황을 좀 더 구체적으로 탐구해 들어가는 것이다. 내 경우에는 놀이를 부각시키고 아이가 한 말을 더 사실적으로 표현하기 위해 꼭두각시나 인형을 사

용하기도 한다.

• **극대화**: 디렉터가 주인공의 생각이나 분위기 또는 반응을 크게 확장하도록 돕기 위해 드라마의 형태로 이끌어 나가는 것을 말한다.

• **장면 구성**: 아동이 한 가지 사건을 표현할 때 인형 등을 이용하여 3차원 장면을 연출하는 것을 말한다. 디렉터는 "X가 될 인형을 골라보렴," "기차가 어디 있지? 기차 한 번 만들어 볼까?"라고 말하면서 장면 구성이 이루어지도록 한다. 나이가 많은 아동의 경우, 장면 분위기를 만들어 낼 수 있도록 도와주는 것이 필요하다. 예를 들면, "그래서 지금 네가 친구랑 얘기하고, 웃고, 담배도 피우면서 주변을 아주 떠들썩하게 하고 있는 중이구나"라고 말해 주는 것인데, 나이 어린 아동의 경우에는 이 과정이 굳이 필요하지 않다. 그들에게는 놀이 자체가 자발적으로 그 장면 안에 바로 뛰어 들어가게 하는 힘을 가지는데, 이와 동시에 행위가 따르게 된다.

• **역할 바꾸기**: 디렉터는 종종 연기에 놀람surprise의 요소를 불어넣기도 한다. 역할 바꾸기가 바로 그것이다. 예를 들어, 주인공에게 갑자기 보조 자아auxiliary(주인공이 연출한 장면에서 주인공과 관련 있는 인물들 혹은 주인공의 캐릭터 중 다른 측면을 묘사하는 사람)와 역할을 바꾸도록 지시한다. 이는 주인공에게 예상치 못했던 새로운 상황에 직면하게 함으로써 놀라움

을 경험하게 하는 것이다. 이로 인해 주인공은 '어쩔 수 없이' 자발적이 되거나 또는 꼼짝없이 행위화에 이르는 경험을 하게 된다. 또한 주인공에게 새로운 통찰력이 생기는데, 이때는 본래 자기의 역할에 머물러 있을 때보다 훨씬 역동적이다. 즉, 자신의 상상력을 동원해서 알고 있던 사건을 재구성하거나 묘사하면서 자발성–창조성이 극 속에 가득 차는 것을 체험하게 된다.

■ 보조 자아

현재 사이코드라마 집단 안에 참여하고 있지는 않지만, 주인공의 주관적 세계에 등장하는 인물들이다(Moreno 1946: xviii). 고전적 사이코드라마에서 주인공은 집단 구성원들 중 한 명을 보조 자아로 선택한다. 내가 하는 아동 치료에서는 꼭두각시가 집단 구성원을 대신할 수도 있다. 위에서 말한 대로, 보조 자아는 주인공이 자기 자신과 자신의 삶을 잘 탐색할 수 있도록 돕는 매우 적극적인 역할을 하며, 주인공 또는 디렉터를 위한 역할을 수행한다.

■ 청중

사이코드라마에서 청중은 두 가지 목적을 갖는다.

1. 주인공을 위한 공적인 의견의 장을 제공하거나, 응원, 웃음, 보호 등을 수반한 자발적인 반응과 의견을 제시한다(하지만 이는 주인공을 수용하고 치료 과정을 존중하는 맥락에서 이루

어져야 한다).

2. 청중은 극 중에 묘사되는 내용들을 보면서 스스로 도움을
   받을 수 있다.

모레노는 보조 자아와 청중이 활발하게 참여하는 것의 중요성
을 다음과 같이 강조했다.

> 사이코드라마에서 주인공은 홀로 꿈꾸는 몽상가nocturner
> 가 아니다. 보조 자아와 집단 구성원들의 참여로 보조 자
> 아와 집단 구성원들이 참여함으로써 찾아오는 저항력
> counterforce이 없다면, 주인공의 배움의 기회는 한없이
> 줄어들고 말 것이다(Moreno 1946: xv).

모레노가 고안한 많은 기법들 중 하나를 디렉터가 치료 현장
에서 사용할 때 그 목표는 다음과 같다.

> (디렉터의 목표는) 주인공을 연기자로 만드는 데 있지 않고,
> 주인공을 자신이 처한 실제 현실보다 더 본연의 모습(What
> they are)으로 무대 위에 서게 해 주는 데 있다(Ibid: c).

그렇다면 모레노는 이를 통해 무슨 효과를 기대하는 것인가?
이에 대해 모레노는 "카타르시스"라고 답한다(Ibid: d).
　　사이코드라마는 행위를 중심으로 한다. 그리고 행위는 언
어의 장벽을 뛰어넘어 인간의 보편적이고 기본적인 경험을 가

능하게 한다. 주인공은 미지의 세계를 향해 계속 앞으로 나아 가며 자발성으로 향하는 문을 연다. 몸과 마음은 서로 연계되며, 이때 찾아드는 느낌은 때로 예기치 못한 내면의 깊은 부분을 건드리게 된다. 이때 카타르시스가 찾아오는데, 이는 단순한 감정의 분출을 넘어서는 경험이다. 모레노는 아리스토텔레스의 용어를 빌려 이러한 경험을 "정신적 카타르시스mental catharsis"라고 했다. 그는 이런 카타르시스적 경험이 단순히 보고 듣는 것(언어)에서 비롯되는 것보다 훨씬 우월하다고 했다. "이는 바로 '행위 카타르시스action catharsis'를 경험하는 것인데, 이 강한 물줄기 안으로 모든 부분적인 카타르시스들이 흘러 들어가 참여하게 된다"(Ibid: 18).

행동 요법은 아이들의 세계에 너무나도 자연스럽게 적용되는 매개물이다. 아이들에게 역할극이나 역할 바꾸기는 유아기 때부터 그들이 살아온 삶의 중요한 한 부분이다. 자발성은 아직도 그들의 삶에서 아주 활발히 작용한다. 그들에게 환상과 실제 사이의 경계는 성인들에 비해 아주 모호하며 또 유연하게 넘나들 수 있는 성격을 지닌다. 아이들에게 언어만을 사용하여 자신이 아는 모든 것 그리고 경험한 모든 것을 표현하게 하는 것은 무리이다.

유아나 사춘기 아이들의 경우, 말로만 하는 인터뷰로는 충분한 효과를 기대하기 어렵다. 인터뷰를 통해 드러난 주인공의 감정을 무대 위에 올려 주인공이 연기자가 되어 직접 행동으로 표현하게 해 주어야 진정한 카타르시

스를 경험할 수 있다. 또는 주인공을 관객 가운데로 내려
오게 하고, 관객들 가운데서 선택된 보조 자아가 무대 위
에 올라가 자신의 문제를 극화하여 연기할 때에도 주인
공은 카타르시스를 경험할 수 있다(Ibid: 145).

이 방법이야말로 아동을 위한 적절한 치료 매개물이다. 아동
을 앞에 두고 온갖 지적인 토론을 한다고 해서 그들의 삶이 변
화되기를 기대할 수는 없는 것이다. 아이들이 사실과 환상 사
이를 오가며 이런 치유의 세계에 참여할 때, 그들은 어른들이
부러워할 만한 자유를 가지게 된다. 아이들의 자발성은 아주
깊은 곳에서 나오며 삶을 바꿀 만한 충분한 힘이 있는 통찰로
이어진다. 치료사가 되어 이 극에 참여하고자 하는 성인은 아
이들에 대한 지식은 물론, 아이들을 돌보는 마음과 그들을 정
확하게 바라보는 태도, 그리고 무엇보다 아동을 전적으로 수
용하는 자세를 가지고 임해야 한다.

3. 사이코드라마로 들어가는 길

앞 장에서는 사이코드라마의 배후에 있는 이론적, 철학적 틀을 다루었다. 이제, 치료사들이 종종 물어오는 질문에 답하는 쪽으로 초점을 맞추기로 하자. 그 질문은 "자, 이제 어떻게 시작을 해야 하나요?"이다. 이 장에서 제시하는 단계들은 치료사가 어떤 아동을 만나더라도 입문 과정에서 꼭 필요한 기초 계획을 세우는 것과 관계된 내용이다. 하지만 아동을 만나는 그 순간, 앞으로 전개될 일들을 섣부르게 예측해서는 안 된다는 것을 명심하자.

준비 단계

아동의 부모나 중요한 성인들significant adults과의 인터뷰로 시작하라. 인터뷰의 취지는 두 가지이다: 첫째, 자녀를 위해 찾아온 부모에게 치료의 이유를 분명히 인식시킨다. 이는 부모들이 치료사를 얼마나 편안하게 느끼는지 진단해 보는 것이기도 하다. 두 번째 취지는 치료사가 아이의 부모나 양육자만이 제공해 줄 수 있는 기본적인 배경 정보를 얻는 데 있다. 이를 통해 치료사는 아이의 세계관을 알 수 있게 되며, 아이를 둘러싼 부모의 가치 체계나 습관적인 역할들을 알게 된다. 물론, 아동의 자아상self-image은 나중에 이와 사뭇 다르게 나타날지도 모른다. 그러나 이 도입 순간부터 치료사는 아이의 눈을 통해 세상을 보는 법을 배우기 시작한다. 치료사는 직접 말하지 않더라도 다음의 질문을 생각하면서 아이의 입장에 대한 잠정적인 가설들을 세워 볼 수 있다. "이 아이가 이런 구조와 가치 체계를 가진 가족의 구성원으로 살아간다는 것은 무엇을 의미하는가?"

가끔 치료사는 인간의 행동을 흑백 논리의 가치관으로 판단하는 가족을 만날 때가 있다. 그럴 때면 그 가족의 구조와 가치관들이 아동에게 접근하는 치료사의 방법과 큰 차이를 보여 치료의 첫걸음조차 내딛기가 불가능한 경우가 있다. 어떤 때는 치료가 명백히 진전을 보이고 있는 데도 불구하고 부모가 치료를 끝내기로 결정해 버리는 경우도 있다. 그러므로 부모의 바람과 치료사의 목표가 서로 일치하는 것이 중요하다. 첫 인터뷰에서 이런 경험을 하게 되면, 양쪽 모두 치료의 가치를 발견하고 큰 기대를 걸 수 있게 된다. 첫 만남이야말로 앞으로의 협력 관계를 이루는 데 큰 밑바탕이 되는 것이다.

치료사는 부모가 아동과 함께 살아온 세월 동안 축적한 통찰이 의미 있으며, 치료사도 이를 결코 소홀히 여기지 않을 것임을 부모에게 분명히 해야 한다. 또한 치료에 대하여 부모가 갖는 희망이나 바람, 두려움 등도 간과하지 말아야 한다. 치료에 사용할 방법을 부모가 궁금해 하면 질문 시간도 허락해야 하고, 신뢰와 비밀 보장이라는 민감한 사안 역시 충분히 개진해야 한다. 만약 부모가 치료 회기마다 그 내용을 시시콜콜히 알고자 한다면, 치료사는 정서적 어려움을 겪고 있는 아동에게 아무런 영향을 줄 수 없다. 이와 반대로 부모가 회기와 관련해서 아무런 이야기도 듣지 못한다면, 부모와 치료사는 서로 협력하여 아이에게 도움을 줄 수 없게 된다. 이 두 가지가 균형을 이루어야 하며, 이 균형은 가족에 따라 다른 양상을 띨 수 있다. 그러나 이 균형과는 별도로, 치료 도중에 절대로 아동의 표현을 방해해서는 안 된다. 또한 치료사는 아이에게 서로의 신뢰를 깨는 일은 하지 않겠다고 잘 알려야 한다. (나의 경험상 실제 치료 현장에서 부모에게 알려야 할 필요가 있는 중요한 사항을 알리는 것에 대해 아동의 허락을 받는 데 힘들었던 적은 별로 없었다. 나는 부모에게 알린다는 사실을 아이도 알게 하였으며, 이 역시 관련된 가족 구성원이 함께 참여하는 치료 회기에서 주로 이루어지게 하였다).

치료사는 과거의 배경을 잘 주지하여 첫 번째 회기에(물론 그 이후의 모든 회기도 마찬가지이지만) 영향력을 발휘할 수 있어야 한다. 아동과 부모뿐만 아니라 치료사에게도 "기대, 두려움, 그리고 과거로부터 이입된 문제들과 더불어," 전이와 역전이 현상이 생길 수 있다(Salzberger-Wittenberg, 1970: 17).

이는 향후 치료에도 시사하는 바가 크다. 이쯤에서 우리는 단계별 토의에서 방향을 돌려 역전이에 대해 잠시 생각해 볼 필요가 있다.

치료사는 내담자가 치료사와의 관계에 억눌렸던 이전의 두려움, 갈등, 열망 등을 불러들인다는 것을 대부분 잘 알고 있지만, 내담자들 중에는 치료 중에 발생하는 사건들에 비합리적인 반응을 보이는 자신을 받아들일 준비가 되어 있지 않은 경우도 종종 있다. 마노니Mannoni(1967)는 임상 현장에서 아이를 만날 때마다 주의해야 할 사항을 다음과 같이 적고 있다.

분석가는 치료 대상인 아동에게서 자기 자신의 어릴 적 모습을 보게 되며, 분석가의 무의식적 동기가 치료 방법에 고스란히 묻어나게 된다. 아이와 부모는 분석가의 근원적인 두려움과 방어, 불안감을 일깨운다. 게다가, 분석가는 매번 욕구와 죽음, 그리고 법의 문제에 정면으로 부딪혀야 하는 사람들을 다루는 현장에 서게 된다(Mannoni 1967: 14).

정서적으로 매우 불안한 아이를 둔 부모와 함께 치료를 진행할 경우, 치료사는 아이 때문에 부모가 갖는 좌절감을 현실적으로 이해하고, 아울러 위에 언급한 주의 사항을 틈틈이 자신에게 일깨울 필요가 있다. 부모가 겪는 좌절감은 정서적으로 불안한 아이와 함께 살아가는 일상의 삶, 아이의 느린 발달, 그리고 실제 삶과 치료 현장에서 느끼는 이질성otherness과도 연관이 있다. 그러나 이는 시간이 좀 더 지난 뒤에 고려해야 할 사항들이다. 우리가 원래 다루고자 했던 첫 인터뷰로 다시 돌아가 보자.

첫 인터뷰의 취지는 아동을 치료 현장에 무리 없이 초대할 수 있는 방법을 부모와 함께 모색하는 데 있다. 이는 부모가 아이에게 왜 도움(치료)이 필요한지 설득력 있고 진실하게 말하는 것을 포함한다. 도움이 필요한 이유는 대개 아이뿐만 아니라 부모도 필요하기 때문일 수 있다. 하지만, 이 부분은 아이 앞에서는 드러내서 표현하지 않는 것이 낫다. 왜냐하면 치료의 초점을 전적으로 아이에게만 맞춤으로써, 아이가 부모에 대해 심한 원망과 저항을 나타낼 수 있기 때문이다. 아동과 인터뷰할 때, 치료사는 앞으로 치료에서 할 놀이에 대해 설명할 필요가 있다. 이는 아이를 편하게 해 줄 수 있다. 어쨌든, 본격적인 치료에 앞서 아동에게 웜업warm-up을 통해 잘 동기화할 수 있도록 하는 것이 중요한데, 치료사는 이를 위해 부모의 도움을 이끌어내야 한다.

인터뷰를 통해 떠오르는 것들을 반추하기

이러한 접근은 병리학을 염두에 둔 이론들과는 공통점이 거의 없다. 앞으로 우리가 살펴보아야 할 반추 과정은 진단과 치료 계획들로 점철된 사회-심리성을 겨냥한 데이터 엄선 감별 작업이 아니다. 대신, 우리가 추구하는 접근법은 치료사와 부모의 첫 만남에서 서로 교류가 이어지는 동안 일어나는 언어적, 비언어적인 모든 것들을 관조하는 개방성을 엿볼 수 있게 한다. 이 회기에서 치료사는 안테나를 곧게 세우고 앞으로 만나게 될 아동의 세계에 들어갈 수 있는데, 아동을 도울 수 있는 것이라면 무엇이든 배우겠다는 자세를 보여 준다. 즉, 새로운 통찰력이 생길 수 있도록 차분하고 사색적인 공간을 창출하는 일이다. 해변 근처에 사는 나는 대개 해변을 산책하면서 그런 시간들을 갖는다. 광활한 바다와 내 발걸음을 빠르게 도장처럼 담아내는 모래는 나를 새롭게 환기시켜 준다. 아동과의 작업에서 내가 배울 수 있는 모든 것에 나 자신을 열어두고 싶은 나의 바람을 바다와 모래는 잘 표현하고 있다. 그러므로 치료 작업은 아이들과 만나기 전부터 시작되는 것이다.

사전 인터뷰 때 얻은 통찰은 새로운 각도로 바뀌거나, 그대로 확정되거나, 아니면 표면에 떠오른 채 진행될 수도 있다. 어쨌든, 이제 초점은 아이가 문제의 핵심을 어떻게 여기고 있는지에 대해 치료사가 잠정적인 가설을 세우는 데 있다. 아이를 맡긴 어른은 아이에 대해 나름의 의견을 가지고 있겠지만, 치료사의 주요 과제는 아이의 견해를 아는 것이다. 어쩌면 치료사가 잠정적으로 세운 가설은 첫 번째 만남부터 기각돼야 할지도 모른다. 그럼에도 불구하고 그러한 가설을 세우는 것은, 그렇게 함으로써 치료사가 치료의 출발점부터 아동의 경험을 존중할 수 있기 때문이다. 살아온 세월의 격차는 아동과 치료사 사이에 큰 괴리를 가져올 수 있다. 어른에게 그러한 것이 아이에게도 반드시 그러하리라고 생각하는 경향이 우리에게 있는데, 이는 큰 오해일 수 있다. 또한 지금껏 살아온 세월의 무게에 짓눌린 어른들이 어린이의 통찰(총명하고 확실한)을 여전히 간직하고 있다고 믿는 것도 잘못된 생각이나.

첫 회기

아동이 치료 장소에 도착하기 전에 치료사는 "내면의 아이the child within"와 접촉하는 시간을 잠시 가질 필요가 있다. 내면의 아이와 접촉한다는 것은, 생일상이 차려진 방으로 들어가는 편안하고 자신감에 찬 아이들을 관찰하던 나의 어릴 적 모습처럼, 마음을 열어 함께 놀 친구를 맞이하는 것과 같다. 나의 유년기를 회상해 보면 나는 어른들한테 인정받을 수 있는지 초초해하는 숫기 없는 아이였던 것 같다. 그러나 이제는 내 안의 자유로움으로 아이들을 열린 마음을 가지고 맞이할 수 있다. 지금 나의 모습 그대로 아이에게 다가가며, 아이를 나와 동일한 인격체로 대한다.

"안녕," 문을 열면서 나는 이렇게 말한다. 그러고는 이 새로운 만남을 시작하면서 관심과 기쁨을 가지고 아이를 바라본다. 이미 잘 알고 있는 친구를 대하듯 아이의 부모를 향해 미소를 짓는다. 대개 아이는 나에게 대답하기라도 하듯 내 쪽을 바라보는데(다소 눈치를 보며 수줍어할 때도 있고, 빠르게 반응할 때도 있다), 아이도 늘 "안녕"이라고 대답한다. 처음부터 아이는 나와 동등함을 경험하게 되며, 치료 회기가 시작되는 순간부터 아이와 부모는 동등하게 존중 받게 된다. 치료사들은 아동들을 "교정 받아야 하는" 존재로 정해 놓고 만나는 경우가 많아, 아이들에게 잘난 척하는 권위자로 비치기 쉽다. 아이들이 어른을 계속 이런 식으로 생각하는 한 분노와 두려움이 작용하고 고집스러운 방어 기제가 작동할 수 있다. 그러면 불안한 기운이 점차 기세를 높이면서, 자발성은 더 이상 기대할 수 없게 된다.

그러나 부모와 치료사가 아이를 깊이 이해하며 잘 협력한다면, 아이가 첫 회기에서 느끼는 불안의 정도는 낯선 사람을 볼 때 갖는 의구심 정도이다. 첫 회기에는 아이에게 이 새로운 등장인물인 치료사를 편안한 마음으로 관찰할 수 있도록 하는 것이 좋다. 아이에게 왜 치료실을 방문했는지 그 목적을 들려주고, 꼭두각시 인형을 가지고 자유 놀이 시간을 갖게 하면서 어느 정도 탐색할 수 있게 한다. 물론, 탐색을 위한 이러한 놀이 시간은 아동에 따라 생략할 수도 있다. 아동들도 나름대로 목적의식을 가지고 낯선 치료사를 만난다. 내가 문을 열고 들어서는 순간, 혹은 처음 몇 분 동안 나누는 대화에서 아이가 보이는 몸짓 언어를 통해 이 점이 드러난다. 위니컷(Winnicott

1971)은 이를 가리켜 "기회 감각sense of occasion"이라 설명한
다. 아이의 눈은 지금 자신 앞에 있는 사람이, 자신이 현재 겪
고 있는 힘든 삶에 특별히 중요한 사람이 될 수 있는지 희망의
눈으로 바라본다. 첫 번째 인터뷰가 갖는 중요성을 위니컷은
이렇게 설명한다.

> 이 특별한 기회는 그 중요성을 놓고 볼 때, 가히 신성하다
> 는 표현을 쓸 만하다. 이 중요한 순간은 경우에 따라 잘
> 활용되거나 아예 헛되이 버려질 수도 있다. 만일 이 시간
> 이 헛되이 끝난다면 자신을 이해해 줄 것이라고 믿었던
> 아이의 기대는 산산이 부서지고 만다. 그러나 반대로 이
> 시간을 잘 활용한다면 아이의 믿음은 한층 깊어진다. 이
> 첫 인터뷰 시간에 심층 작업이 이루어져 아이에게 변화
> 가 일어나는 아주 특별한 경우가 있는데, 여기에는 부모
> 나 가장 가까이 있는 사람들의 도움이 크게 작용한다. 정
> 서 발달 단계 가운데 풀리지 않은 매듭을 갖고 있던 아동
> 이 첫 인터뷰 이후에 그 매듭이 한결 헐거워지면, 향후 과
> 정은 아주 발전적으로 이어질 수 있다(Winnicott 1971: 4-
> 5).

이런 특별한 사례들은 이 책의 후반부에 소개된 아동들의 이
야기에서 찾아볼 수 있다.

그러나 대부분의 경우 첫 번째 회기는 아동이 선호하는
놀이를 알고, 특정한 인형이 어떤 특별한 은유적 중요성을 갖

고 있는지 파악하는 정도의 시간으로 진행된다. 클라인(Klein, 1932)은 첫 번째 회기가 갖는 가치를 다음과 같이 설명한다.

> 우리는 어떤 게임이 시작되었는지, 내담자의 저항이 어떤 시점에서 나다녔는지, [내담자가 저항을 하는 경우] 그 저항과 관련하여 어떤 행동을 보였는지, 어떤 발언으로 말미암은 것인지에 주목하여 우리의 분석에 기초가 되는 무의식적 아이디어들을 얻게 된다(Klein, 1932: 33).

그러나 치료사가 아동을 관찰하는 것처럼, 아동 역시 치료사를 자기 나름대로 정리하고 있다는 것 역시 잊지 말자. 아무리 아동이 놀이에 몰두하고 놀이에 가려 그런 기미를 보이지 않는다 하더라도, 아이는 이 작업을 하고 있다. 그리고 아이의 관찰은 상당히 정확한 경향이 있다. 관계 중심 치료의 경우, 이 첫 회기는 아주 강한 영향력을 행사한다. 내가 치료를 위해 갖고 있는 장난감과 인형, 그리고 기타 놀이 도구들은 아주 다양하다. 여러 나라에서 수집한 사람 인형과 동물 모형들도 있다(다람쥐, 두더지, 스컹크, 너구리, 사자, 호랑이, 코끼리 등). 내가 일하는 곳이 호주인지라, 아이들은 호주의 자연에 서식하는 친근한 동물들에 애정을 느끼고 이끌리는 경우가 많다. 다른 지역의 치료사들은 또 그 지역의 아이들이 무엇을 좋아하는지 알 수 있을 것이다. 무엇보다 아이들의 기호를 따르는 것이 중요하다. 아이가 좋아하는 모형이나 인형은 종종 첫 번째 회기에서 알 수 있다.

사이코드라마를 근간으로 하는 아동 치료는 은유로 가득한 치료 유형이다. 따라서 이런 치료 방식을 택하는 치료사는 융C. G. Jung이 말하는 이 '은유'라는 단어를 주목할 필요가 있다.

> 이 단어는 뚜렷하고 직접적인 의미 그 이상의 것을 함축적으로 표현한다. 이는 정확하게 정의하거나 완전히 그 의미를 설명할 수 없는 한층 넓은 "무의식적" 측면을 내포한다. 이 단어를 섣불리 정의하거나 설명하려는 희망을 가져서는 안 된다. 마음이 상징을 표현해 내기 때문에, 은유는 이성적 사고로는 알 수 없는 관념에까지 이를 수 있게 한다(Jung, 1964: 200-21).

지금까지 아동의 치료적 놀이therapeutic play가 갖는 자유로운 세계를 인지와 분석에 주안점을 두고 이야기해 보았다. 이제 이론적 고려는 잠시 뒤로 하고, 마음속에 떠오르는 이미지 또는 어떤 모호함ambiguity에 반응하는 우리 자신의 일부분에 좀 더 가까이 다가설 필요가 있다. 그렇지 않으면 우리는 아동이 이끄는 대로 따라갈 수 없다. 자, 이를 위해 잠깐 시간을 내는 것이 어떨까?

사진: Margaret Sail

4. 은유, 원형 그리고 이야기 – 숨겨진 언어

오래 전에 나는 분석하기 힘든 나의 내면 깊은 곳에 다가와 말을 건네며 내 마음을 기쁘게 한 책을 하나 발견하였다. 그 책은 다름 아닌 샘 킨Sam Keen의 『경이로움을 위한 사과*Apology for Wonder*』라는 책이었다. 아이들이 놀이에서 치유적 은유healing metaphor를 만들어 내면서 보여 주는 탁월한 자유로움을 고찰하기 시작하면서 이 책이 다시금 내 마음속에 떠올랐다. 킨은 현대인의 두 가지 전형을 소개하면서 그리스 신화에서 서로 판이하게 다른 두 신, 아폴로와 디오니소스의 심상을 예로 든다. 아폴로적인 삶은 현대 서양인의 삶의 양식과 살 맞는다. 이를테면, 논리, 실용주의, 그리고 질서 정연한 모습이 이에 해당된다는 것이다. 킨은 말한다. "인간은 신과 더불어 이성과 질서가 꽉 찬 우주 창조에 공동의 책임을 나누어진다. 법칙은 지혜에 이르는 길이다"(Keen 1969: 154). 그런데 여기서 주목해야 할 또 다른 생활양식이 있는데, 바로 디오니소스적 심상이다.

> 디오니소스는 기이하고 거친 면이 있는 신이었다. … [그리고 디오니소스적 방식을 위한 모델은 춤이다. 삶은 밀물과 같은 움직임이며, 잠시 한 유형을 취하다가 곧 변화하는 역동적인 힘이다. 삶에는 종결점이 따로 없으며, 완성품도 없다(Keen 1969: 156).

이것이야말로 아이들이 잘 알고 있는 세계이다. 아이들은 놀이 가운데서 이성적인 단계를 거치지 않고도 통찰에서 통찰로 이어지는 경험을 하며 이 세계를 접한다. 디오니소스적 전통의 현명함은 인간 내면 깊숙이 흐르는 다양하면서도 때로는 배치되는 흐름 속에서 개방적인 태도를 계속 유지한다는 데 있다(Ibid: 155). 아이들은 의식 세계에 흐르는 어설픈 경험에 의한 생각과 정서의 소용돌이를, 어른들이 논리적인 문장을 들어 설명하기 전까지는, 모순된 생각이나 행동으로 여기지 않는다. 놀이를 함에 있어 설명은 필요 없다. 인형을 가지고 노는 가운데 떠오르는 상상에 맞추어, 아이들은 그들 자신에게서 솟아오르는 힘으로 은유와 상징 세계의 문을 연다.

나는 사이코드라마의 여정을 시작한 지 한참 되어서야 비로소 밀스와 크롤리(Mills and Crowley 1986)가 말한 "치료적 은유therapeutic metaphor"를 향한 흥미로운 탐색을 할 수 있게 되었다. 사이코드라마의 기법으로 강화된 놀이를 접한 아이들의 문제 집중 능력은 이미 나를 놀라게 한 바 있었다. 그때 나의 뇌리에 떠오른 질문은 "무엇이 그들에게 그와 같은 힘을 주는 가?"였다. 자발성을 중심으로 하고 행동에 기초한 사이코드라마 기법이 내면에 감추어져 있던 부분을 수면 위로 떠오르게 하고 지적 방어를 통해 막는 힘이 있음을 나는 익히 잘 알고 있었다. 하지만 나는 밀스와 크롤리가 은유와 우뇌 기능의 연관성을 다룬 글들을 읽고 나서야, 사이코드라마 기법이 아이들의 자연스러운 은유적 경향성과 얼마나 밀접한 관련이 있는지 알게 되었다. 여기서 잠깐 밀스와 크롤리에 의해 집대성된 은유에 대한 연구의 일부를 살펴볼까 한다.

그들의 책은 밀턴 에릭슨의 영향을 받은 것으로 보인다. 우리가 잘 알고 있듯이, 은유에 관한 에릭슨의 지식은 어릴 적에 자신의 불치병과 싸우면서 스스로 계발하였던 것이다. 뒤에 에릭슨은 동료 로시Rossi가 말한 2단계 의사소통two-level communication을 인용하며 그의 내담자와 이야기를 나눈 적이 있다. 2단계 의사소통은 의식과 무의식, 두 세계와 소통하는 수단을 이르는 말이다. 밀스와 크롤리는 이에 관해 다음과 같이 말한다.

> 의식의 세계에 그것을 '지배할 만한occupied' 한 메시시가 (개념, 생각, 이야기, 심상 등의 형태로) 들어오게 되면, 다른 한 치료적 메시지가 함축과 함의의 방식으로 무의식으로 비껴 들어가게 된다. … 의식이 일화anecdote의 문자적 측면에 귀 기울이고 있을 때, 아주 신중하게 고안되어

뿌리를 박은 제안들이 무의식적 연상associations을 시작
하며, 이에 따라 축적된 의미들이 마침내 의식 안으로 넘
쳐흐르게 된다(Mills and Crowley 1986: 18).

그들은 더 나아가 에릭슨과 로시의 말을 인용하여 다음과 같
은 발전된 의견을 제시한다.

> 의식이 놀라게 되는 것은 의식 안에서는 좀처럼 설명할
> 수 없는 그런 반응을 제공받기 때문이다. … 농담뿐 아니
> 라 비유와 은유의 경우 아주 강력한 효과를 발휘하게 되
> 는데, 이것들이 의식 세계에 영향을 미치는 것은 무의식
> 적 연상과 반응 경향을 일으키는 동일한 메커니즘을 통
> 해서이다. 연상과 반응의 이러한 경향성이 합해져서 의식
> 의 세계에 외관상 아주 새로운 행동 반응의 정보를 제공
> 한다(Erickson and Roddi, 1976: 448).

(이 설명은 흥미롭게도 이미 내 작업의 일부가 된 치료를 위한 이
야기와 은유로 가득 찬 아동 사이코드라마에서 나타나는 과정을
묘사하는 것이기도 하다.)

밀스와 크롤리는 이어서 좌뇌와 우뇌 간의 상이한 기능에
대한 분석이 한 단계 더 진전을 보였던 1960년대와 1970년대
에 이루어진 연구들을 재검토했다. 그들은 루리아(Luria, 1973)
와 갈린(Galin, 1974)이 밝힌 사람의 감정과 상상 과정*emotional
and imagistic processes*을 연결하는 것에 우뇌가 좌뇌보다 더 밀

접한 관련이 있다는 내용을 언급하면서, 이 발견을 은유와의 연관성을 다룬 이후의 연구들과 연결하였다.

밀스와 크롤리에 따르면, 니비스(Nebes, 1977)는 "좌뇌가 순차적, 논리적, 문자적으로 언어를 처리하는 반면, 우뇌는 동시적, 전체적, 함축적 방법으로 처리한다." 온스타인(Ornstein, 1978)은 사람이 기술적인 지문과 수피Sufi[이슬람교의 신비주의자] 이야기를 읽을 때 각각의 뇌파 활동을 비교한 연구에서 은유를 염두에 두었다. 수피 이야기는 좌뇌의 활동을 높은 수위로 끌어올렸는데, 이는 우뇌 활동을 추가시키는 작용이 더해졌을 때 일어났다. 이 실험은 우뇌가 은유 과정과 이야기의 의미 발견에 필요하다는 사실을 시사한다. 로저스 등(Rogers et al 1977)의 초기 연구 역시 은유에 대해 시사하는 바가 크다. 그들의 연구에서 그들은 문맥을 더 잘 파악해야 이해할 수 있는 언어, 즉 상황에 기초해 해석해야 하고 단어가 가진 하나의 뜻만을 고집하지 않는 언어의 경우에 더 높은 수위의 우뇌 활동이 나타난다고 주장하였다. 은유는 이렇듯 우뇌의 활동과 밀접하게 연관이 있다.

나는 이러한 연구 결과들에 큰 흥미를 갖게 되었다. 이는 의견 자체가 참신하기도 했지만, "신화시적 언어mythopoetic language에 담긴 은유의 사용이 우뇌와 직접적으로 의사소통을 이루는 수단이 된다"는 에릭슨과 로시의 제안과 연관성이 있기 때문이었다(Erickson and Rossi, 1979: 144). 그들은 이런 이유로 치료에서 은유적 접근이 정신분석적 접근보다 시간이 덜 든다는 사실을 설명할 수 있다고 보았다.

이것[우뇌와 직접 의사소통하는 은유적 언어의 사용]은
틀에 박힌 '대화식' 정신분석적 접근과는 대조를 이룬다.
정신분석적 접근의 경우, 오히려 우뇌의 몸짓 언어를 좌
뇌의 추상적 인지 유형으로 바꾸는데, 이로 인해 어떤 증
상의 치료를 위해서는 우뇌의 기능으로 다시 돌아와야
하는 불편함이 생긴다(Erickson and Rossi 1979 : 144).

밀스와 크롤리는 이와 관련된 사항들을 다음과 같이 한마디로
요약한다. "은유는 우뇌의 기능을 상승시켜 목표 지점에 곧장
도달하게 한다"(Mills and Crowley 1986: 17-8).

이 모든 사항이 아이들의 세계와 어떻게 일치하는가? 전통
적인 사이코드라마는 디렉터가 주인공을 계속 상상의 영역으
로 인도하면서 새로운 상황에 자발적으로 반응하도록 촉구하
는 등, 매우 높은 수위의 우뇌 활동과 관계가 있다. 대개 아동
은 어른에 비해 환상과 은유에 훨씬 더 개방적이기 때문에, 이
책에서 다루고 있는 아동을 위한 사이코드라마의 적용은 훨씬
더 높은 수위의 우뇌 활동을 포함한다고 볼 수 있다. 이 활동
은 아동의 불안정하고 이미지화된 놀이, 은유가 축적된 치료
적 이야기, 그리고 다중 연상을 떠올리게 하는 인형과 장난감
이 지닌 본질적인 힘에 반영되어 나타난다.

융은 치료에 사용된 많은 상징의 원형적archetypal 성격을
주지시키면서, 이는 무의식에 이르는 또 다른 경로를 제공한
다고 주장하였다.

원형archetype은 인간 의식의 역사 전반에 걸친 공통된 경험 유형을 반영하여 인류의 유산으로 전해지는 인간 정신의 요소이다. 이를 달리 표현하면, 원형은 인류 진보의 많은 이정표를 제시하는 은유적 전형*metaphorical proto-types*이라 할 수 있다. 원형에는, 엄마와 아빠의 원형, 여성과 남성의 원형, 아이의 원형 등이 있다. 융에게 원형은 물리적 신체만큼이나 사실적인 "살아 있는 정신적 힘"이다. 원형과 영혼의 관계는 우리 신체의 기관들이 몸 자체와 갖는 관계와 같다고 할 수 있다(Mills and Crowley 1986: 13).

상상력을 사용한 놀이 과정에서 혹은 치료를 위한 이야기를 만들어 가는 과정에서 융이 말한 "집단 무의식collective un-consciousness"과 연관된 이미지를 찾기 위해 의도적으로 작업을 중단하고 관찰한 적은 없다. 융은 원형을 발견할 수 있는 곳으로서 집단 무의식을 이야기하는데, 이는 일반적인 무의식보다 더 깊은 층에 있다고 한다.

집단 무의식은 인간의 경험에서 비롯되는 것이 아니며, 개인적인 습득물이 아닌 태어나면서부터 타고나는 것이다. 이렇게 인간의 심층에 위치한 것을 나는 집단 무의식이라 부른다. 내가 "집단"이란 용어를 선택한 이유는 이 무의식이 개인적이 아닌, 보편적인 성격을 띠고 있기 때문이다. 인간 개인의 정신과는 달리, 이 집단 무의식은 모든 개인에게 거의 보편적으로 나타나는 행동 양식을 가지고 있다. 다시 말해, 모든 이에게 동일하며 모두에게 있는 초인간적 특징을 지닌 보편적 정신 회로substrate로 이루어져 있다(Jung 1934: 3-4).

그러나 우리는 융이 원형적 중요성을 가지고 있다고 말한 이미지들을 계속 사용했다 — 이 표상들은 사실 고대 신화나 우화 등에 다양한 형태로 표현되어 왔다. 내가 사용한 이야기들 중 상당수도 이와 관련되어 있다. 나는 이 이야기들이 친근한 장면들을 기억하는 힘을 훨씬 넘어서 어떤 강한 효과를 불러오는 것을 알 수 있었다.

여름과 겨울, 우기, 달이 차고 기우는 현상 등과 같이 신화 속에 나타나는 자연 변화들은 결코 어떤 객관적 사실들을 가리키는 것이 아니다. 이러한 변화들은 오히려 정신의 내면적, 무의식적 드라마를 상징적으로 표현하는 것인데, 이는 (자연 현상에 투영된) 그런 투사의 방법에 의해 인간 의식으로의 접근이 가능해진 것이라고 할 수 있다(Ibid: 6).

한 아동에게서 이미지를 선택하는 일은, 당시에는 의식하지 못하더라도, 더 깊은 의미가 들어 있는 경우가 있다. 물론, 이런 선택은 치료사와 아동 사이의 의사소통 형태, 그리고 아동의 흥미에 기초하여 이루어져야 한다. 아이의 놀이에서 힌트를 얻은 나는 달(융에 의하면, 엄마의 상징)과 바다("무의식, 모든 살아 있는 것들의 어머니"의 상징)가 등장하는 일련의 이야기를 아이에게 들려주었다(Ibid: 178). 이 상징들은 아이로 하여금 바다를 사랑하고 자연에 관심을 가지는 것을 넘어서는 힘을 얻게 하여, 외상으로 받은 충격에서 벗어나도록 돕는 데 아주 효과적으로 작용했다.

융이 설명한 아이 원형child archetype은 아동 치료에 예상치 못한 희망을 가져다주었다.

> "작은 것보다 더 작지만, 큰 것보다도 더 크다"는 모티프는, 아동으로 하여금 크고 작은 모든 일들을 기적적으로 바라보게 하는 수단이 되어 아동의 무력감impotence을 낫게 해 준다. 이러한 역설이야말로 영웅적 삶의 본질을 이루어 아주 힘든 운명까지도 관통한다. 아동은 이제 가장 큰 위험에도 대처할 수 있다. 그래서 종국적으로, (외상에 대하여) 아무 일도 없었던 것처럼 되돌리려는 행위는 더는 의미를 갖지 않게 된다(Ibid: 167).

치료사에게 매우 자주 주어지는 과제는, 아동이 "별로 대수롭지 않은 그 무엇"을 인식하고 다룰 수 있도록 돕고, 그것을 다룸으로써 아이 쪽에서 "기적적인 해결의 행위"로 이끌도록 하는 것과 관련 있다. 이는 깜짝 놀랄 만한 통찰과 용기를 필요로 하는 행동의 결단을 의미한다. 융은 사람이 빠져나갈 구멍이라고는 보이지 않는 절망적인 갈등 상황에서 갖는 "양극의

충돌"을 피력한 바 있는데, 이는 놀이에 임한 아동에게 삶의
딜레마를 다루는 방법을 익히게 한다.

> 그러나 양극의 충돌에서 무의식은 의식적인 정신으로는
> 예측하거나 이해할 수 없는 비합리적 본질을 기진 제3자
> 를 만들어 낸다. 이 제3자는 "긍정"도 "부정"도 아닌 어떤
> 형태로 그 모습을 드러내는데, 결과적으로 긍정과 부정
> 모두에 의해 거부된다. 왜냐하면, 의식은 양극단 이외의
> 것에 대하여는 아무것도 모르므로, 그 양극을 연합하는
> 지식이 있을 리도 만무하기 때문이다(Ibid:167,168).

바로 이 "양극의 충돌"이야말로 사이코드라마에서 강조하고
추구하는 "양극의 연합"이다. 아동은 은유를 매개체로 하여
이와 같은 양극의 연합을 추구한다.

치료적 스토리텔링은 이 장뿐만 아니라 이 책의 앞부분에서도
몇 차례 언급한 바 있다. 융은 은유의 대가이며, 에릭슨은 치료
에서 은유가 갖는 가치를 드러낸 주창자이다. 그러나 베틀하
임Bettleheim이야말로 아이들의 동화를 가장 알기 쉽게 해석한
사람이다. 그는 동화를 설명하면서, 왜 이 동화가 그토록 중요
한지, 어떤 식으로 이 동화가 제시되고 있는지, 그리고 어째서
이 방법이 아동에게 유효한지 주목하는데, 이러한 방법이야말
로 내가 추구하는 치료적 스토리텔링의 유형이라 할 수 있다.
베틀하임의 명쾌한 설명에 힘입어, 아동의 필요needs와 치료

사의 목표와 관련된 중요한 사실들을 얻을 수 있다.

> 이 동화 속 이야기들이 아이의 내면세계를 다루는 것을
> 그토록 풍성하게 하는 것이 무엇인지 이해하려고 노력하
> 면 할수록, 나는 이 동화 속 이야기들이 **심리적, 정서적 존**
> **재인 아이 본연의 모습**에서 출발한다는 사실을 더 잘 깨닫
> 게 되었다. 동화는 성장에 따른 아동의 심각한 갈등을 가
> 볍게 여기지 않고, 아동이 무의식적으로 이해하는 방식으
> 로 아동의 심각한 심리적 압박을 이야기하며, 아동을 짓
> 누르는 그 어려움들을 해결할 수 있는 일시적이고도 영
> 구적인 해결 방안을 제시해 준다(Bettleheim 1976: 6).

이는 치료사가 치유 효과가 있는 이야기를 만들 때 어떻게 해
야 하는지 명확하게 설명한 대목이다. 베틀하임이 이야기한
대로, 내면세계에 압박감을 전혀 주지 않는 형태로 아동에게
이야기가 제시된다면, 이는 전적으로 아동을 위한 일이 될 것
이다. 이런 차원에서 볼 때, 다음 인용문의 "동화"라는 용어는
결국 "치료적 이야기"라는 말로 바꾸어도 무방한 듯이 보인
다.

> 동화는 아주 단순하고 꾸밈없이 전달된다. 듣는 이에게
> 무엇을 요구하지 않는다. 아무리 어린 아이라고 해도 특
> 정한 방식으로 어떻게 행동해야 한다거나 하는 강요의
> 느낌을 받지 않는다. 요구를 하기보다는 안심을 시키고,

미래에 대한 희망을 주며, 행복한 결말에 대한 굳은 믿음
을 준다. 이것이 루이스 캐롤Lewis Carroll이 동화를 "사랑
의 선물love gift"이라고 부른 이유이다(Ibid: 26).

치료사에게는, 아동의 자유를 침범하지 않는 치유 이야기
를 만드는 데 많은 기술과 상당한 인내가 필요하다. 내 경우,
치료 중에 만났던 어떤 아동은 딱 맞는 이미지가 떠오를 때까
지 몇 달을 기다려야 했던 때도 있었다. 내가 한 여자 아이에
게 접근할 때 이야기를 통해 접근하는 것이 가장 좋다는 걸 알
았다 해도, 그 이야기는 문제의 핵심에 정확하게 맞아야 했다.
동시에 아이에게 방어심을 갖게 해서는 안 되고, 오직 아이를
편안하게 해줄 수 있는 것이어야 했다. 나는 이 아이가 도움을
필요로 한다는 사실을 이미 잘 알고 있었다. 그래서 완전하지
는 않지만 어느 정도 아이에게 맞는 이야기로 그냥 만족할까
하는 생각이 강하게 들기도 했다. 그러나 서두르지 않고 기다
리는 것이 결국 옳았다. 어느 날 저녁, 한 이야기의 싹이 틔어
올랐다. 그 이야기는 내면에 은유가 작동하는 이미지들로 완
전한 날개를 달고 아이의 흥미를 끌었다. 나는 그때 시골길을
운전 중이었는데, 태양 빛을 받아 하늘은 마치 오묘한 진주빛
을 머금고 있는 것 같았다. 그때 우리는 이야기에 한껏 신이
났고, 그 기분으로 쭉 뻗은 도로 위를 달렸는데, 이 역시 아주
좋았다. 그러다 문득 시간을 보니 한 시간 이상이 지나 있었다.
우리 주위로 세상이 그렇게 흘러가고 있었던 것이다. 물론 문
제가 덜 복잡한 아동의 경우, 이야기는 좀 더 쉽게 떠오르기도

하기 때문에 이 아동의 경우처럼 그렇게 오랜 시간을 기다릴 필요는 없다. 이야기를 고르는 데는 항상 두 가지가 필요한데, 하나는 치료사가 가지는 '진단 능력'이고, 다른 하나는 낸시 멜론Nancy Mellon이 말한 '타고난 재능'이다.

> 당신은 다른 모든 사람이 그렇듯 천부적인 이야기꾼이에요. 당신은 혼자만의, 그리고 누구에게나 있는 끝없이 많은 주제들을 가지고 태어났지요. 당신 안에 있는 그 풍부한 심상들을 받아들일 수 있도록 당신 자신을 열어 두는 것이 중요하답니다(Mellon 1992: 8).

그녀의 『스토리텔링과 상상의 기술*Storytelling and the Art of the Imagination*』은 치료사들을 겨냥한 것은 아니지만, 스토리텔링에 대하여 새로운 기술을 얻고자 하는 사람이라면 누구에게나 유용한 책이다.

한편, 베틀하임은 동화의 힘에는 다른 핵심적 요소들이 있음을 주장하는데, 이는 아동이 자신과 자신의 삶을 이해하는 데 도움이 되는 요소들이다.

> 지배 문화는, 특히 어린이와 관련해서, 인간에게 어두운 면이 존재하지 않는 것처럼 이야기하며, 낙관적인 사회 개량론meliorism에 대한 믿음을 강조한다(Bettleheim 1976: 7, 8).

동화는 현실에서 도피하지 않는다. 동화에서는 선과 악이 정면으로 만난다. 그리고 등장인물들은 실제 삶 속에서의 모호함을 배제하고 서로 반대되는 감정의 공존을 겪는다. "악은 선 virtue만큼 편재한다"(Ibid: 8).

> 아이는, 현실 속에 실존하는 사람들의 복잡다단한 성격에서는 명확하게 구분하기 힘든 선과 악의 차이점을, 동화 속에서 구현된 선과 악의 대립을 통해 쉽게 이해할 수 있게 된다. 모호함은 아이가 동화 속에서 긍정적인 동일시를 통해 어떤 인물상을 확립할 때까지 배제된다(Ibid: 9).

치료적 이야기는 분명한 선, 확실히 구분되는 인물, 단순 구조 안의 긴장감, 그리고 상상력을 자극하고 정교하게 엮여 있는 치료적 메시지들을 필요로 한다. 설교는 금물이다. 좋은 삶이란 무엇인지에 대해 훈계하는 듯한 말로 아동의 상상력을 가로막는 것보다는 삶을 강화하는life-enhancing 메시지가 은근하게 배어들도록 하는 편이 낫다. 학생들은 종종 내가 아이들에게 이야기를 들려준 뒤 그 의미를 함께 이야기해 주는지 물어본다. 그러면 나는 "그건 마치 불길에 호스를 들이대는 것과 같을 걸"이라고 답한다. 베틀하임은 동화의 의미를 어른의 입장에서 해석하고 강요하면 아이의 내면세계와 이야기 사이의 연계성을 방해할 수 있다고 지적한다. 이는 치료적 이야기의 경우도 마찬가지이다.

아이에게 동화가 가지고 있는, 마음을 사로잡는 매력의 이유를 설명한다면, 아이의 동화에 대한 매력이 크게 반감될 수 있다. 사실, 아이가 이야기에 매혹되는 것은 상당 부분 왜 자신이 그 이야기를 좋아하는지 모르기 때문일 수 있다. 이야기가 주는 이런 기쁨과 그것을 가져오는 힘을 없애 버린다면, 아이가 자신의 문제를 스스로 해결하게 도와주는 이야기의 잠재력을 잃어버리는 결과를 낳을 뿐이다. 우리가 어른들의 해석이 옳다고 강조하는 만큼, 아이는 이야기를 반복적으로 듣고 빈추하면서, 힘든 상황에 성공적으로 대처하면서 맞는 희열의 기회를 박탈당하는 것이다(Ibid: 18, 19).

치료적 이야기의 경우에도, 치료사가 이야기에 담긴 상징을 구체적으로 설명해서는 안 되는 이유 역시 더 많고 더 중요하다. 만일 아동의 방어 기제가 그대로 남아 있고, 치료사가 그것을 적절한 시간에 포착하지 못하거나 해석하는 등의 실수를 범한다면, 아동이 그 이야기 자체를 재미있게 듣는다 해도 이야기가 주는 내적 의미를 감지하지 못하게 된다. 또한 치료사가 치유 속도를 자기 마음대로 조절하려 한다면, 아이의 불편하고 혼란한 마음, 그리고 너 나아가 아이의 저항에 부딪히고 말 것이다. 치료 과정 역시 이런 성급한 마음으로 인해 결국 방해를 받게 된다.

성장에 따른 심리적 문제를 다스리기 위하여… 아동은

'의식적 자기conscious self' 안에 무엇이 일어나고 있는지를 알아야 할 필요가 있고, 그래야 아이는 자신의 무의식에서 일어나고 있는 일들에 잘 대처할 수 있다. 아동이 이런 이해력과 대처 능력을 갖게 되는 것은, 자신의 무의식의 특성과 내용을 이성적으로 이해해서라기보다, 무의식적 압력에 응하면서 적절하게 이야기의 요소들을 곱씹어 보고, 재구성해 보고, 또한 환상 속에서 그려보는 백일몽과 같은 작업을 펼치면서 무의식과 친숙해짐으로써 가능한 것이다. 이렇게 해서 아동은 무의식적 내용을 의식적 환상에 맞출 수 있으며, 의식의 세계는 점차로 무의식에 담긴 내용을 다루어 나가게 된다(Ibid: 7).

이와 유사한 과정은 놀이에서도 찾아볼 수 있다. 이 놀이가 모레노의 방법에 의해 확대되고 힘을 받을 때, 이미지는 새로운 능력을 얻게 된다. 아동은 종종 예상하지 못한 정도의 깊이로까지 들어가 자신의 마음을 진정시키고 삶을 강화하는 연계점을 찾게 된다.

융은 이에 뒤따르는 변화를 다음과 같이 이야기한다.

단지 이미지만 있을 때에는 연계성이 별로 없는 단어의 묘사만 있을 뿐이다. 그러나 이미지가 감정으로 충만할 때, 그것은 영numinosity(혹은 정신 에너지)을 얻는다. 그리고 역동성을 띠기 시작하며, 이로부터 예상치 못한 어떤 결과가 나오게 된다(Jung, 1964: 96).

나는 이 추상적 사고의 예를 찾아 다시 아이들에게로 화제를 돌리고자 한다. 한 아이가 생각난다. 아이의 이름은 사생활 보호를 위해 익명으로 한다. 그 아이와 알고 지낸 지난 몇 년간, 그 아이는 나에게 가장 위대한 스승들 중 한 사람이 되었다.

어느 날, 지난 몇 달간 간절히 바랐음에도 불구하고, 그 아이는 양육자 지정foster replacement이 잘 이뤄지지 않을 것이라는 소식을 들었다. 그날 놀이 치료 도중, 아이는 내게 즉흥적으로 침대에 올라가서 자라고 말했다. 그러고는 우리가 갖고 있던 의상 중에서 가발을 집어 들고서는 마치 수염처럼 얼굴에 붙이더니 자기가 산타클로스라고 했다. 그런 다음 내게 선물을 잔뜩 주고는 다시 잠자리에 들라고 했다. 내가 잠이 들자, 아이는 치료실에 있는 무거운 책상과 텅 빈 책장을 제외한 움직일 수 있는 모든 물건들(장난감, 책, 의자, 작은 테이블)을 밖으로 들어냈다. 내가 눈을 감고 누워 있는 사이, 나는 아이의 활력 넘치는 발걸음이 만들어 내는 울림을 느낄 수 있었고, 바로 옆 치료실이 그 아이가 옮긴 물건들로 채워지고 있는 소리를 들을 수 있었다. 모레노의 이중 자아 기법 원칙을 사용하여, 나는 아이의 내면이 정서적으로 매우 긴박하고 폭력적인 상황에 놓여 있음을 감지할 수 있었다. 아이가 내게 다시 눈을 뜨라고 했을 때, 나는 완전히 초토화된 방 때문에 충격을 받았다.

내가 만일 수포로 돌아간 양부모 양육 계획foster care plans에 대해 전혀 몰랐더라면, 성공적으로 그 은유를 풀어 내지 못했을 것이다. 그 아이는 박탈감을 뚜렷이 보였고, 신뢰감 역시 무참히 깨져 있었다. 아이에 관한 배경 지식이 없었더라면, 이 상황에 더 적절히 반응할 수 있었을지도 모른다. 그렇지만, 아이의 고뇌와 분노의 진정한 깊이를 읽어 내지는 못했을 것이다. 왜냐하면 아이가 자신의 고뇌와 분노를 웃음으로 가장한 놀이로 표현했기 때문이다. 나는 이 아이의 처량함을 극대화하여 아이 역할을 함으로써 그의 자발성을 한층 촉발시킬 수 있었다. 그 아이는 (그 아이로서는 난생 처음으로) 놀이를 통해 자기 삶의 이야기를 자발적으로 할 수 있었다. 그 아이는 자기 안의 분노와 엄마가 자기를 버렸다고 믿는 데서 오는 외로움을 거침없이 표현했다. 전에는 그런 감정을 결코 인정하지 않았다. 아이는 그 이후에도 스스로 특이한 행동을 행했던 첫 번째 회기를 떠올리며 이런 만남을 유지했다. 몇 년이 지난 지금, 그 아이는 이제 디오니소스적 화염Dionysian flair에서 거의 벗어났으며, 삶의 위기에 직면했을 때 폭발시키듯 은유를 분출하지 않는다. 그 아이는 아직도 말로 자신을 표현하는 것을 힘들어 한다. 그래서 그 아이를 치유할 수 있는 길을 찾기란 좀처럼 쉽지 않다.

이렇다 할 배경 지식 없이 아이에게 듣는 간접적인 이야기만으로도 아동과의 작업을 수행하는 것이 가능할 수 있다. 그러나 그럴 경우, 버지니아 액슬린(1964)이 딥스와의 작업에서 세심하고 끈기 있는 노력을 한 것처럼 많은 시간이 소요될 것이다. 내 경우에는 시간이 무한정으로 주어지는 그런 혜택을 누렸는데, 이는 아주 드문 일이다. 아동의 삶은 멈추지 않고 계속되고, 새로운 압력을 받으며, 새로운 개념들을 요구받게 마련이다. 부모들 또한 자녀를 돕는 데 있어서 자신들의 능력에 한계가 있음을 깨닫는다. 그러나 치료사가 실제 삶에서 얻는 지식과 사이코드라마의 연금술을 적절히 잘 배합할 때, 마술과 같은 세계가 펼쳐진다. 은유적 놀이는 아동의 내면에 불을 붙이며, 새로운 통찰이 놀라운 속도로 일어나게 한다. 희망의 물결이 솟구치고, 이 희망은 이후의 지속적인 변화를 위한 추진력이 된다. 그러면서 아이는 점차 움직이기 시작한다.

II부. 아이들의 이야기

사진: Bernadette Hoey

5. 안드레아

안드레아의 이야기로 시작해 보자. 12살 된 이 소녀는 내가 가끔씩 상담을 한 초등학교 6학년 아이였다. 나와 만나기 몇 달 전, 안드레아는 머리카락이 한 움큼씩 빠지기 시작했는데, 빠지는 머리카락을 잡아 뜯는 버릇을 갖고 있는 상태였다. 그런 탓에 머리 군데군데 허옇게 살이 보이는 곳도 있었다. 정수리 부근에는 머리카락이 새로 자라서 상고머리같이 보였다. 안드레아를 진찰했던 담당 의사가 아이의 상태(탈모)를 심인성 질환으로 진단하면서, 내가 안드레아를 만나게 된 것이다.

내가 안드레아와 했던 작업은 치료적 스토리텔링보다는 사이코드라마에서 전통적으로 쓰는 기법들 쪽에 가까웠다. 안드레아와의 작업을 이 책에 싣는 이유는 안드레아를 위한 치료에서 처음으로 인형이나 손 인형을 보조 자아로 사용하였기 때문이다. 물론 안드레아는 이 인형 보조 자아와 역할 바꾸기를 하는 데 전혀 무리가 없었다. 하지만 안드레아보다 어린 아이들을 치료할 때는 역할 바꾸기를 하더라도 매우 간접적인 방법과 은유를 동원하여 환상적인 내용을 다루는 작업을 펼쳐야 한다. 사실, 아주 어린 아이들의 경우, 자아의 경계가 다른 사람의 입장이 되어 상황을 바라볼 만큼 발달되어 있지 않은 편이다. 물론, 이들의 경우에도 이중 자아 기법, 거울 기법, 구체화 등과 같은 기법들은 닫혀 있는 문을 여는 강력한 효과가 있다. 하지만 이 기법들을 사용하더라도 어린 아이들의 자아는 아직 치료사와의 놀이 안에 감추어져 있을 뿐 명료하게 드러나지 않는다. 그렇기 때문에 사이코드라마에 낯선 독자들이 아주 어린 아이들에게서 이러한 기법들의 효과를 확인하기는 쉽지 않을 것이다. 아주 어린 아이들에 비하여, 안드레아의 경우에는 한층 분명하게 자신의 문제를 다룰 수 있었다.

사전 면접

목표: 서로를 소개하는 시간을 갖고 전체 회기의 초석을 마련하기 위해 최선의 노력을 다한다.

학교에서 첫 대면을 갖게 되었다. 안드레아는 겉으로 보기에는 상당히 편안해 보였다. 재미있게 이야기도 잘하고, 적어도 내가 본인의 문제를 거론하기 전까지는 전혀 동요하지 않는 침착한 공주 같았다. 그러나 자신의 문제가 거론되자 더 이상 말을 하지 못했다. 그리고 금세 눈물을 글썽거렸다. 나와 이야기를 나누면서 더 이상 어른인 체하지 않았고, 오히려 겁먹은 어린 아이의 몸짓을 보였다. 슬프고 풀이 죽어 보인다고 말하자, 안드레아는 애써 눈물을 참았다. 그리고 한동안 말을 잇지 못했다.

디렉터: 너는 지금 네가 아닌 다른 사람 같아 보이는구나.

(나는 거의 사람 크기의 인형이 구부정하니 앉아 있는 큰 의자 쪽으로 다가간다. 도자기같이 하얀 안드레아의 얼굴이 의자 쿠션에 반쯤 가려진다. 내가 인형의 머리를 돌려놓는다. 이제 안드레아는 인형의 볼에 그려진 큰 눈물방울을 볼 수 있다.)

디렉터: 얘가 왜 우는지 너는 아니?

(안드레아는 고개를 젓는다. 인형의 머리에 묶인 스카프를 끄르자 달걀처럼 미끈미끈한 숱이 전혀 없는 인형의 머리가 드러난다. 소녀는 여전히 눈물을 애써 감추려고 한다.)

디렉터: 이 방에선 마음껏 울어도 돼. 사람들도 늘 그래. 눈물은 밖으로 흘려보내야 하거든. 그러니 울어도 돼. 지금 무서워하는 것같이 보이는데? [고개를 끄덕인다.] 나한테 얘기해 보렴. [계속해서 말이 없다.] 그럼, 하는 수 없이 내가 맞춰 봐야겠구나. 아마도 너는 머리카락이 하나도 남지 않게 될까봐 두려운 거겠지. [고개를 끄덕인다.] 그렇게 되면 아이들한테 놀림감이 될 테고. [고개를 끄덕인다. 표정이 한결 편안해 보인다.]

디렉터: 오늘 시간이 많지 않아서 안타깝네. 앞으로 우리 여기

서 여러 가지 재미있는 놀이를 할 수 있을 거야. 오늘 한 것은 뚜껑을 열어서 안에 무엇이 들어 있는지 본 것에 불과해. 어때, 다음에 또 올래?

(우리는 다음에 한 시간 정도 만나기로 하고 날짜를 정한다. 문을 나서는 안드레아는 한결 편안하고 만족스러워 보인다.)

사전 면접에 대한 소감

이 짧은 만남 동안, 안드레아는 가족 이야기를 잠시 했다. 안드레아는 지난 1년 동안 자기 집에서 지낸 한 남자에 대한 불쾌감을 이야기했다(안드레아의 부모는 당시 이혼한 상태였다). 이 이야기는 당연히 이후 회기에서 다시 이어질 것이다. 나는 이 "태연한 공주"의 무표정한 얼굴 뒤에 감춰진 격렬한 그 무엇을 느낄 수 있었다. 안드레아의 탈모와 긴장감 사이에 어떤 생리적 연결성을 생각해 보았으며, 생리적 효과가 사람의 정서에 미치는 영향력에 대해서도 고찰했다. 안드레아도 이 점을 이해하는 듯했으며, 진지하게 받아들이는 듯했다.

첫 번째 회기

안드레아가 그 전날 만남에서 머리카락이 하나도 남지 않게 될까봐, 그리고 그렇게 되면 반 아이들한테 놀림을 당하게 될

까봐 겁이 난다고 했던 부분을 환기시키며 이야기를 나누기
시작한다.

디렉터: 오늘 우리가 해 볼 작업이 지금 내가 말한 이 부분이
　　니?

안드레아 :꼭 그게 그렇지는 않아요.

(상당히 힘들어하면서, 아이는 "그게…"라는 말을 입 밖에 낸다.)
　　이 걱정거리는 언제나 '거기'에 있어요. 어떻게 해도 떨쳐
　　버릴 수 없어요.

디렉터: 그래, 그럼 '거기'부터 시작해 보자꾸나. 방에서 네가
　　말한 '걱정거리'가 될 만한 걸 골라 보렴.

(안드레아는 약간 의아하고 혼란스러운 듯 계속해서 주변을 의
식한다. 안드레아는 사이코드라마를 전혀 모른다. 아이에겐 모든
게 낯설기만 할 뿐이다. 안락의자에 축 늘어져 기대어 있거나 히
터 또는 책장 등에 놓인 인형과 손 인형 소품들을 향해 나는 장
난스럽게 노는 몸짓을 해 보인다. 그리고 말을 건넨다.)

디렉터: 여긴 근사한 방이야. 여기선 어떤 일이든 일어날 수
　　있단다! 자, 이제 말로 하지 않고도 문제를 바라볼 수 있는
　　방법을 찾아보자. 우선 이 방에 있는 것들 중에 네 '걱정
　　거리'와 관련있어 보이는 것을 한번 찾아보겠니?

(안드레아는 뭔가 생각난 듯 조심스럽게 찾더니, 얼굴에 미소를
띤 채 뾰족뾰족 가시가 돋친 고슴도치 장갑인형을 골라 들었다.
그러고는 낄낄거리며 웃는다.)

디렉터: 너의 '걱정거리'에게 한 번 말을 걸어 보렴.

(뭔가 생각이 나는 듯하지만, 말하지는 않는다.)

디렉터: 그게 마음에 들어?

안드레아: 아뇨.

디렉터: 그럼 마음에 안 든다고 말하지 그래.

안드레아: [인형을 보면서] 난 네가 싫어.

디렉터: 왜?

안드레아: 왜냐하면 넌 항상 거기 그러고 있으니까.

디렉터: [이중 자아 역할] 그래. 넌 절대 날 혼자 두는 법이 없지.

(안드레아, 다시 주변을 의식하는 듯 말을 멈춘다.)

디렉터: 이 걱정거리가 항상 너한테 있는 것이 어떤 기분인지
　　몸으로 한 번 표현해 볼래.

(안드레아의 얼굴에 당황한 빛이 역력하다. 전에는 한 번도 이런
식의 접근을 경험해 본 적이 없기 때문이다.)

디렉터: 그냥 마임 하는 거라고 생각해.

(안드레아는 마임이 정확히 무슨 뜻인지 모르는 눈치다. 디렉터
가 시범을 보이지만, 안드레아는 그래도 수줍어한다. "못하겠어
요"라고 말하고 있는 듯하다.)

디렉터: 늘 붙어서 떨어지지 않는 이 '걱정거리'랑 같이 걸어
　　볼까?

(안드레아가 "걱정거리" 손 인형 팔을 잡더니 원을 그리며 걷는
다.)

디렉터: 이렇게 싫은 게 달라붙어서 떨어지려고 하지 않을 때
　　너는 어떻게 하지?

안드레아: 친구들하고 있어요. 친구들이랑 얘기하고, 개네들

이 하는 이야기를 들어요. 내 걱정거리가 생각나지 않
게….

디렉터: 그래, 그렇게 걱정거리들을 떨쳐 버리려고 하는구나.

(인형을 잡고 조금 더 걷는다.)

디렉터: 자, 몸으로 네가 걱정거리를 어떻게 떨쳐 버리는지 표
현해 볼래?

(다시 수줍은 듯, 대답이 없다. 이런 식의 지시가 안드레아에게는
무의미해 보이는 듯하다.)

디렉터: 자, 그럼 이 이름 없는 '걱정거리'가 확실해지도록 다
른 방법을 써 볼까?

(디렉터는 안드레아에게 종이를 주고 그 위에 그림을 그리게 한
다. 안드레아는 매우 거북해 하지만, 디렉터는 이 잡히지 않는 문
제의 물꼬를 터 줄 방법을 찾기 위해 계속 여러 시도들을 해 본
다.)

디렉터: 그림 말고 글을 써도 괜찮아.

(안드레아는 조금 안도하는 것처럼 보이지만, 여전히 "부동"자
세다.)

디렉터: 내가 "걱정"이라고 말했을 때 제일 먼저 네 머릿속에
떠오른 말을 적으면 돼.

(안드레아가 "슬프다"를 적는다.)

디렉터: 그러니까 그게 너를 슬프게 하는구나. 몇 마디 더 꺼
내 볼까?

(안드레아가 "화난다"를 적는다.)

디렉터: [확인하기 위해] 네가 걱정할 때면 화가 난다는 거니?

(안드레아가 고개를 설레설레 가로젓는다. 말은 하지 않은 채 눈에 가득 눈물이 고인다. 디렉터는 이를 확인하지 않고, 대신 안드레아의 격앙된 감정에 대해 이야기한다.)

디렉터: 지금 뭔가가 너를 힘들게 하고 있구나! 그게 뭘까?

(안드레아는 끝내 입을 열지 않는다. 디렉터가 종이에 "꽉 닫혀 있다"라고 적자, 이내 안드레아는 "행복하다"를 적는다.)

디렉터: 왜 그렇지?

(이번에는 안드레아의 답변이 조금 수월하게 나온다. 다음과 같이 적는다. "선생님과 이야기하고 있으니까요!")

디렉터: 아, 이야기를 하니 좋다고? 그래, 다른 사람한테도 얘기한 적 있니?

(안드레아가 고개를 젓는다. 슬퍼 보이는 얼굴 표정)

디렉터: 그렇지만 얘기하는 걸 좋아하잖아. 얘기해 보면 어때?

(안드레아가 "무슨 말을 해야 할지 떠오르지 않아요"라고 적는다.)

디렉터: 누구에게 얘기를 하고 싶은데?

(안드레아가 힘없이 앉는다.)

디렉터: 종이 위에 네가 얘기하고 싶은 사람들 이름을 모두 한 번 써봐.

(안드레아가 학교 친구 네 명의 이름을 적는다.)

디렉터: 이번엔 그 친구들이 될 수 있는 장난감을 고르고.

(안드레아는 열심히 적당한 인형을 찾는다. 축 늘어진 볼에 앙상한 팔, 다리를 가진 헝겊 인형을 고른다.)

디렉터: 그게 누구야?

안드레아: 트루디요.

디렉터: 트루디는 어디에 있니?

안드레아: 럭비공 위에요.

디렉터: 그래, 그럼 친구를 공 위에 올려 봐.

(안드레아는 조심스럽게 인형의 위치를 잡아 똑바로 앉은 자세를 만든다. 그 다음에도 이와 마찬가지로 짐짓 즐거워하며 다른 인형들을 골랐다. 크고 작은 인형들을 하나씩 집어서 둥그런 원형이 되도록 만든다. 흡사 점심시간 도시락을 앞에 두고 모여 앉아 무슨 얘기든 끝도 없이 떠들어 대는 소녀들처럼 인형들이 앉아 있다.)

디렉터: 너는 어디 있어? 네가 될 인형도 골랐니?

(잠시 생각에 잠긴다. 안드레아는 나무로 만든 뾰족한 보라색 머리털에 귀에는 안전핀이 달린 펑크스타일의 남자 인형을 고른다. 그러고는 빙 둘러 앉아 있는 인형들로부터 멀찍이 떨어져 서 있다. 자신을 온전히 표현하지 못한 채 슬픈 얼굴로 눈물을 흘린다.)

디렉터: 슬프니? [고개를 끄덕인다] 지금 그 슬픔을 친구들에게 애기해 봐.

안드레아: [친구들을 향해] 너흰 몰라. 너희들 때문에 난 화가 날 때가 있어.

(짧게 말을 끝낸다. 얼굴 표정으로는 뭔가를 생각하고 있는 듯하지만, 아무 말도 하지 않는다. 눈에는 눈물이 가득 고인 채, 풀 죽은 모습으로 서 있다.)

디렉터: 지금 네 안에 분노가 가득 차 있는 것처럼 보이는구

나. 네가 얼마나 화가 나 있는지 보여 줄 수 있겠니? 말로 하지 말고 몸으로.

(아무 반응이 없다.)

디렉터: [이중 자아 역할] 난 슬퍼요. [몸으로 슬픔을 표현한다.] 그리고 늘 혼자예요. 난 꼼짝달싹할 수가 없어요. 이 슬픔이 떠나지 않고, 늘 날 붙들어요.

(안드레아가 손으로 들고 있는 손 인형을 가리킨다.)

디렉터: 손 인형을 사용해 봐. 슬픔이 어떻게 널 붙드는지 인형으로 나타내봐.

(아무 반응을 보이지 않는다. 슬픈 표정.)

디렉터: [이중 자아 역할] 나는 혼자야. 난 너희들한테 다가가지 않을 거야. 너희들이 다가오지 못하게 여기 웅크리고 앉아 있을 거야.

(안드레아가 스카프를 두르고 눈물이 그려진 볼에 도자기처럼 하얀 얼굴을 한 인형 맞은편 의자 위에 슬픈 표정으로 웅크린다.)

디렉터: 내가 이제 쟤야. [인형을 가리키며 말한다.]

(디렉터는 안드레아의 위축되고 슬픈 상태를 약 1분 정도 거울 기법으로 따라한 뒤, 일어나 말한다.)

디렉터: 여기 의자로 와. 혼자 갇혀 있는 안드레아가 되어 보는 거야.

(안드레아가 이번에는 금세 반응을 보인다. 자기 역할에 동일시하며, 의자에 가서 웅크린다.)

디렉터: 지금 어때? 뭐가 떠오르지?

(안드레아의 눈에 눈물이 가득하다.)

디렉터: 지금도 할 말이 생각나지 않아? [고개를 끄덕인다.] 지금 네가 말하고 싶은 사람이 누구지?

안드레아: 트루디요.

디렉터: 트루디를 데려오고.

(안드레아는 의자 앞에 다리가 긴 인형을 앉힌다.)

디렉터: 트루디하고 얘기하는 거 도와줄게. 봐, 내가 트루디야.

(디렉터가 인형이 있는 쪽으로 가서 그 뒤에 앉는다.)

디렉터: 나한테 말해. 네가 말하고 싶은 걸.

안드레아: 왜 넌 나하고 말을 하지 않으려고 하니?

디렉터: 트루디랑 역할 바꾸고.

(안드레아는 어려워하지 않고 역할을 바꾼다.)

디렉터: [질문을 반복한다.] 왜 넌 나하고 말을 하지 않으려고 하니?

안드레아: [트루디가 되어 한참 생각하더니, 이내 슬픈 표정이 된다.] 너를 도와줄 수 없으니까.

디렉터: 다시 역할 바꾸고.

안드레아: [트루디의 말을 반복하며] 너를 도와줄 수 없으니까.

(이 말이 안드레아에게 깊은 영향을 끼친 듯하다. 눈물이 고인 얼굴로 트루디를 골똘히 바라보면서 한동안 말이 없다. 그러고는 입을 열어)

안드레아: 넌 내가 혼자 남겨지면, 더는 슬퍼하지 않을 거라고 생각하는 거지?

(안드레아는 디렉터를 옆에 두고 자신이 디렉터로서 말한다.)

우리들 중에서 누가 슬프면 항상 다른 사람들이 거기에 대해 얘기하고, 또 그 슬픈 애를 도와주려고 해. 그렇지만 너희들은 나한테는, 내 머리에 대해선 얘기하지 않아.

디렉터: 역할 바꾸고…, 넌 내가 혼자 남겨지면, 더는 슬퍼하지 않을 거라고 생각하는 거지?

(안드레아는 트루디가 되어 디렉터의 이야기를 듣더니 이렇게 대답한다.)

안드레아: 그래. 가끔은 그래.

디렉터: 역할 다시 바꾸고.

(안드레아는 디렉터가 트루디가 되어 이 말을 하자 어쩔 줄 몰라 한다. 눈물을 흘린다. 말이 없다.)

디렉터: [의자에 웅크리고 앉아 있는 안드레아 곁으로 다가간다.] 트루디가 이런 말을 하니까 많이 외롭지?

(안드레아가 고개를 끄덕인다. 말을 하려고 애쓴다. 손가락을 입술에 가져가 만지작거린다. 뭔가 말을 하려고 하지만, 말은 나오지 않는다. 이러기를 몇 .차례 반복한다.)

디렉터: [안드레아 옆에 앉은 디렉터의 음성이 때로는 부드럽고, 때로는 다소 강경하다.] 뭔가 말을 하고 싶은데, 단어가 막히는 거지?

(눈물을 지으며, 안드레아가 고개를 끄덕인다.)

디렉터: [약간 위엄 있는 목소리로] 트루디에게 하고 싶은 얘기를 해봐.

(안드레아는 말문을 여는 듯하다가, 다시금 손가락을 입술에 가져가 만지작거린다.)

디렉터: 할 말이 있나 보네. 막 나오려고 하는 게 나는 보이는
    데.

(디렉터는 자신을 표현하고 싶어 하는 안드레아의 간절한 소망
을 거울처럼 그대로 반영해 주듯, 손을 혀 끝 가까이 가져간다.)

디렉터: [위엄 있는 목소리로] 말해 **봐**.

안드레아: 트루디! 제발 나한테 말을 걸어줘.

(안드레아의 목소리에 힘이 실리고 권위가 느껴진다. 큰 안도의
빛이 얼굴에 번진다.)

디렉터: 그렇지! 하고 싶은 말을 네가 찾은 거야!

(안드레아를 가볍게 안아 준다.)

디렉터: 오늘은 여기서 끝낼까? [고개를 끄덕인다] 이쯤에서 끝
    내는 게 좋겠지?

(안드레아가 고개를 끄덕이며 웃는다. 안드레아의 얼굴이 마치
비 내린 뒤 맑게 갠 정원 같다. 다른 말이 필요 없는 것 같다.)

디렉터: 이제 장난감들은 제자리에 가져다 놓자. 이제 얘들은
    더 이상 안드레아도 트루디도 아니야.

(안드레아가 이름을 붙이는 대로 장난감들의 역할을 바꾸고 조
금 전 회기 중에 가졌던 역할을 해제한다. 방을 나서면서 디렉터
가 말한다.)

디렉터: 저기 있잖아, 트루디가 너한테 얘기하지 못하게 막는
    다른 무엇이 있는 것 같아. 어쩌면 그건 트루디가 너를 도
    울 수 없다고 생각하기 때문일 거야. 또 트루디는 네가 얼
    마나 더 눈물을 흘려야 하는지도 모를 거야. 트루디가 네
    눈물을 멈추게 할 필요는 없지만, 그래서라기보다는 아직

모르고 있는 것 같아. 아마 트루디도 어찌해야 좋을지 모르기 때문일 거야. 네가 트루디를 도와줘야 할 것 같다. (안드레아는 생각에 잠겨 고개를 끄덕인다. 방문을 나서는 안드레아의 환한 웃음이 평화로워 보인다.)

다음 회기는 안드레아가 학교 친구들과 크로스컨트리 경기를 하기로 했기 때문에 짧게 끝났다(약 20분 정도). 이번에는 지난번 회기에서 자기 자신을 드러내는 데 조금이나마 도움이 되었던 "종이 위에 적기" 기법을 사용하였다. 하지만, 대체로 전통적인 상담 형식으로 진행했다. 중점적으로 다룬 내용은, 4년 전 부모의 이별을 안드레아는 어떻게 생각하는가 하는 문제였다. 안드레아는 분명히 아빠를 좋아했다. 하지만 아빠가 여러 주를 돌아다니는 판매 대리인이라서, 아빠와는 불규칙적으로 만나고 있었다. 안드레아의 아빠는 자주 만나지 못하지만 계속 딸과 연락을 주고받았고, 안드레아에게 이런 아빠는 매우 중요한 사람이었다. 안드레아는 아빠와 엄마가 이전처럼 함께 사는 평범한 가족으로 돌아가길 바랐다("내가 아는 모든 애들은 엄마랑 아빠 둘 다 있어요"). 우리는 가족의 회복을 꿈꾸는 안드레아의 바람을 이야기했다.

안드레아는 집에 밥 아저씨가 있는 것을 몹시 싫어했다. 밥은 어떤 회사의 야심 많은 중역이며, 약 1년 전부터 안드레아의 집에서 함께 살기 시작한 사람이었다. "종이 위에 적기" 기법을 통해 알게 된 바로는, 안드레아는 밥 아저씨가 엄마에게 아빠와 떨어져 지내라고 설득한 엄마 친구들 중 한 사람이라고 믿고 있었다. 아이들(안드레아와 안드레아의 두 여동생)은 밥 아저씨를 싫어했는데, 이유는 밥이 만든 새 규칙들 때문이었다(그리고 아이들은 밥을 아빠의 자리를 빼앗은 사람이라고 믿고 있는 것 같았다). 안드레아는 이 문제를 놓고 엄마와는 한 번도 이야기해 본 적이 없었다. 나는 안드레아에게 이 방에서 엄마에게 부모님들이 떨어져 지내는 게 안드레아에게 어떤 건지 이야기할 기회를 만들도록 돕겠다고 했다.

안드레아와 엄마: 두 사람이 함께 한 만남

원래 이 만남은 한 시간 정도 계획하고 시작했는데, 예상 시간이 다 되어갈 무렵 감정이 격해지는 주제가 나왔다. 나는 흐름을 끊지 않는 쪽이 낫겠다고 생각했다.

나는 X부인과 안드레아를 방으로 안내하고, 방안의 물건들을 사용하여 모녀가 나누는 대화의 조각상sculpture을 각자 꾸며보라고 제안한다. 새로운 경험이긴 했지만, 둘 다 길게 설명하지 않아도 금방 알아듣는다. X부인의 조각상은 밥그릇을 들고 있는 여자 어른 인형과 그 옆에 작은 아이 인형이 앉아 있는 모습이다. 이 모형은 엄마가 요리하는 것을 옆에서 지켜보면서 안드레아가 엄마와 이야기하고 싶어 하는 모습이라고 한다. 안드레아가 만든 모형은 일하고 있는 엄마를 바라보는 펑크스타일의 작은 소녀와 고양이를 포함한다. 정원을 가꾸는 엄마(X부인)를 자기 자신과, 여동생, 그리고 자기 집 고양이가 바라보고 있다는 것이다. 두 조각상 모두 정서적으로 거리가 가까웠을 때를 표현하고 있다.

디렉터: 재미있네요. 둘 다 말없이 의사소통을 하거나 개인적이지 않은 무언가를 얘기하는 시간을 선택했네요. 그러면서도 마음속에는 개인적인 내용들이 있는 것 같군요.

(두 사람이 만든 모형 모두 안드레아의 여동생이 두 사람 사이의 친밀한 대화를 가로막고 있는 장애물처럼 보인다. 주어진 상황에서 두 사람 모두 수동적인 태도를 보이며, 서로 일대일로 대면하는 만남을 꺼려하는 모습이 역력하다.)

디렉터: 나는 이게(안드레아의 동생이) 서로의 대화를 막는 주된 이유라고 보지 않아요. [X부인에게] 안드레아는 세상에서 가장 큰 병에 걸린 것 같아요. 안으로 감정이 가득 찬 병이죠. 그리고 틀림없이 부인도 같으실 거구요. 두 사람 속을 채우고 있는 건 다름 아닌 최근 몇 년간 가족들이 겪은 큰 변화들 같은데… 안드레아, 저번에 나한테 얘기해 준 것 생각나지. 엄마한테도 말해 줄 수 있겠니?

(안드레아는 아주 어렵게 밥 이야기를 꺼낸다.)

안드레아: 아저씨가 우리한테 너무 이래라 저래라 해요. 그는 전에 우리가 어떻게 살아왔는지 전혀 알려고도 하지 않아요. 설거지하는 것만 해도 그래요. 그냥 우리에게만 시키잖아요. 전에는 우리 모두 당번을 정해서 했는데.

(안드레아는 무척 하기 힘든 이야기를 엄마에게 하고 있는 것이

다. 목소리에 주저하는 톤이 담겨 있고, 눈에는 눈물이 고여 있다. X부인은 멀찍이 앉아 있다. 부인의 얼굴 표정에는 전혀 동요의 빛이 없고, 몸은 흐트러짐 없이 바른 자세를 유지하고 있고, 빗어 올린 머리 역시 머리카락 한 올 흘러내려 오지 않았다. 마치 내일 하루 더 화창한 가을 날씨가 이어질 것 같다고 말하는 기상 캐스터처럼…)

X부인: 글쎄, 그건 밥 아저씨에게도 힘든 일이라는 걸 알아줘야 해. 아저씬 하루 종일 바쁘고, 집에 오면 늘 피곤하시잖니. 그냥 모든 게 순조롭길 바라시는 것뿐이야. 너희들이 전에 어땠는지도 아저씬 잘 모르실 거고….

디렉터: [엄마가 표정 하나 변하지 않고 밥 아저씨의 행동을 두둔하며 그냥 순종적으로 아저씨의 뜻을 따르는 게 좋겠다고 말하는 부분에서 말을 가로막는다. 안드레아의 뒤에서 이중 자아가 되어 들썩거리며 안드레아를 대신해 말한다.] 어휴~ 나를 위해서도 좋은 것 좀 생각해 주지! 그 사람 편만 들고! 그럼 난 뭐야? 내가 우는 건 보이지도 않나 봐? 어휴~.

(안드레아가 방금 표출한 반항과 분노에 자기 자신을 동일시하며 소리 내어 웃는다. 둘은 딱딱한 분위기 속에서 서로 떨어져 앉아 있다.)

디렉터: 전 커피 한 잔 하고 싶은데, 두 사람은 어때요? 커피 드릴까요? [X부인은 원한다고 하고, 안드레아는 아니라고 한다.] 함께 이야기를 나누어 보세요. 저는 가서 커피 좀 가져올게요.

(디렉터가 돌아온다. 양손에 커피 잔을 들고 있는 관계로 발로

문을 두드린다. 약간 정적이 흐르더니 X부인이 문을 연다. 그러고는 눈이 젖어 있는 안드레아에게서 더 멀찍이 떨어져 앉는다.)

디렉터: [감정을 부인하고 있는 두 사람을 힐책하는 어조로] 부인은 매우 침착해 보이시네요. 안드레아는 여전히 언짢은 표정이고. 두 사람 다 이렇게 멀찍이 떨어져 있고. 세상의 모든 엄마들이 자식을 사랑하듯이 부인도 안드레아를 사랑한다는 것을 저는 알아요. 그런데 이렇게 서로 떨어져 앉아서는 문제를 해결할 수 없을 것 같은데… 제가 방을 나가 있는 동안, 서로를 위해 두 사람이 뭔가를 하기를 바랐는데, 아무 일 없었나요?

X부인: 했죠. 안드레아를 제 무릎에 앉혀 주었는 걸요.

디렉터: 그런데, 제가 들어오기 전에 종종걸음으로 제자리로 돌아가셨어요?

(두 사람 다 웃는 모습을 보인다. 디렉터도 함께 웃는다.)

디렉터: 의자를 좀 붙여 볼까요? 소파를 만들어 보죠.

X부인: 그냥 마루에 앉으면 더 좋을 것 같아요.

(X부인과 안드레아가 가까이 앉으며 서로에게 팔을 두른다. 디렉터도 약간 떨어져서 마루 위에 앉는다. 디렉터는 엄마와 딸이 권위자(또는 그들이 권위자라고 여기는 사람)에 대하여 그렇게 복종적인 태도를 취하고 고통스런 감정을 억누르고 있는 자신의 모습을 볼 수 있도록 도우려고 한다.)

디렉터: 가족이 분열된 이유가 무엇이라고 생각하는지 서로의 생각을 들어볼 필요가 있을 것 같아요. [X부인에게] 부인 생각을 안드레아에게 얘기해 보신 적 있나요? [고개를 젓는

다.] 안드레아도 알면 도움이 될 거예요.

(X부인은 혼자 남겨졌던 기억들, 그리고 가족 문제를 어떻게든 혼자 해결해 보려고 애썼던 힘들었던 자신의 긴 이야기를 시작한다. 남편이 자기와 한마디 상의도 없이 장기 휴가를 떠나기도 했다고 한다. 외로움을 말하고, 스스로 무가치하게 느껴진다고 이야기할 때 급기야 흐느끼기 시작한다. 안드레아가 엄마를 가볍게 안은 채 머리를 쓰다듬어 주며 위로한다.)

디렉터: [안드레아에게] 이 모습을 보니까, 원래 네가 생각했던 거하고 엄마가 들려준 이야기가 많이 다르지? 이젠 네가 지금까지 무슨 생각을 해 왔는지 엄마에게 들려주렴.

(안드레아는 아빠가 집을 나가 있는 동안 엄마에게 새 친구들이 생기기 시작했고, 특히 그중 한 명(밥)을 엄마가 아빠보다 더 좋아하게 되었다고 믿고 있는 자기의 입장을 설명한다. X부인은 안드레아가 그런 오해를 하고 있었다는 데 놀란다. 안드레아는 아빠가 떠난 지 1년이 지나고 나서야 엄마가 밥 아저씨를 사귀게 되었다는 사실을 알고 놀란다. 지금 이 순간, 그들 사이에는 아무런 거침이 없고 친밀감이 흐른다. 두 사람의 몸짓 언어와 환한 얼굴에서 새롭게 얻은 친밀감이 얼마나 좋은 것인지 읽을 수 있다.)

디렉터: 너는 이렇게 엄마랑 얘기할 수 있고, 엄마도 엄마 생각과 엄마가 느끼는 안타까운 감정을 너한테 직접 표현하니 얼마나 좋아. 딸들 대부분이 엄마한테 이렇게 잘 얘기하지 못하거든. 철든 딸들도 마찬가지야. 전에 한 번은 내가 우리 엄마한테 아주 심각한 얘기를 꺼냈는데, 엄마가

부담스러워 하는 거 있지. 엄마가 그냥 일어나서 나가버리셨거든. 아빠도 거기 안 계셨어. 아빤 이미 돌아가신 다음이었거든.

(이때, X부인이 흐느끼며 울기 시작한다.)

디렉터: 지금 마음속 깊은 곳에 있는 뭔가가 올라오나요?

(X부인이 고개를 끄덕인다.)

X부인: [흐느껴 울며] 그게 바로 우리 부모님이에요. [말을 잇지 못한다.]

(디렉터도 X부인의 어머니가 동맥경화증을 앓고 있었고, 아버지가 심각한 심장 질환을 앓았다는 사실을 알고 있다. 두 분 모두 옆에서 누군가 돌봐 주는 사람이 있어야만 했다.)

디렉터: 도움이 필요할 때, 두 분 모두 안 계셨군요.

(X부인은 혼자라고 느꼈던 자신의 감정을 표현하기 시작한다. 부모님이 계시기는 했지만, 부모님은 자신을 돌봐 줄 여력이 없는 분들이었다. 그녀의 엄마는 병만으로도 힘들어 하고 있었고, 아버지 역시 오래 살기 힘든 분이었다. 두 분 중 한 명은 늘 기분이 좋지 않았다고 한다. X부인은 부모님의 보호자 노릇을 하며 진짜 얼굴을 아이들(내 생각엔 밥에게도)과 부모 모두에게 보이지 않고 있었던 것이다.

안드레아가 이 상황을 대하는 태도가 매우 인상적이다. 이제껏 본 적 없는 엄마의 감정 표현에 조금은 주춤한다. 그저 말없이, 팔을 엄마에게 두르고 손으로 엄마를 어루만진다. 우리는 지금 서로의 위로를 필요로 하지만 그러지 못한 채 감정을 혼자 안으로만 삭이던 한 가족의 모습을 보고 있다. X부인의 부드러운 눈썹,

그 평온함 뒤에 숨겨진 것은 세상의 모든 짐을 어깨 위에 다 지고도 자신의 고통을 내색할 수 없었던 한 여인의 모습이었다. 그들에게 가까이 다가가 무릎을 만져 주는 내 눈에도 눈물이 맺혀 있다.)

디렉터: 제가 이 상황에 함께 참여할 수 있어 감격스러워요. 안드레아… 네가 말없이 엄마 어깨에 팔을 두르고 엄마를 향해 밝고 환한 표정을 지어 보이는 걸 나는 보았어. 말은 좋은 것이긴 하지만, 너의 일부분을 이용해서도 충분히 의사소통이 가능하단다. 네가 방금 전에 한 것처럼 말이야. 적당한 말이 떠오르지 않는다고 해서 늘 문제될 건 없지.

안드레아는 그 이후에도 나와 조금 더 치료 작업을 지속할 필요가 있었다. 하지만, 안드레아는 고등학교에 들어가서 어려움 없이 잘 적응하고 있다고 한다. 몇 년 뒤, 안드레아와 안드레아의 엄마를 만나 그들과의 만남을 이렇게 글로 정리한 내용을 보여 주었더니 무척 흥미로워했다. 이전의 외로움과 두려움은 온데간데 없었고, 생활도 아주 잘하고 있다고 했다.

안드레아의 탈모증도 사라졌다. 물론, 탈모증이 사라진 데는 치료 외의 다른 요인이 작용했을 가능성도 있다. 하지만, 탈모증을 앓던 또 다른 아이 — 안드레아보다 어렸다 — 의 경우도 이와 같은 치료 뒤에 비슷한 효과를 보인 적이 있다. 이 아이의 경우, 부모의 별거로 인한 내적 혼란과 고통이 문제의 핵심이었다. (아이의 엄마 말에 의하면, 아이는 머리카락이 빠지는 증상을 보이기 바로 전에 부모의 별거를 겪어야 했다.) 하지만 치료를 위한 작은 결단과 직접 대면이 큰 변화를 가져왔다. 이처럼 심인성 질환을 앓는 아동의 경우, 먼 과거의 이야기들을 들추는 것보다 현재 아동이 직면한 실제 삶에 초점을 맞추는 단기 치료가 더 큰 효과가 있다고 밝힌 학자의 주장이 있어 소개한다.

> 기질성 질환organic disease complex이 종종 한 가지 요소를 제거했을 때 자연적이고 생물학적인 치료 효과를 보이는 것처럼, 건강하게 균형 잡힌 새로운 성격의 형성은 환자의 자발적이고 점진적인 치료에 의해 이루어지는 경우가 많다. 마찬가지로, 우리 일상의 삶 속에서도 대수롭지 않게 보이는 아주 작은 자극이나 경험이 한 개인, 더 나아가 한 나라의 운명에 영향을 줄 수 있다(Rossi, 1980: xix).

이 두 소녀의 경우, 분명 자발적 회복spontaneous recovery으로 인해 치료가 이루어진 점도 있다. 그러나 삶 가운데 치료에 기여할 수 있는 어떤 것이든 재고해 볼 만한 가치는 있다. 물론 위의 두 경우를 가지고 일반화된 결론을 내릴 수는 없다.

안드레아의 사례는 치유를 위해 낯선 길을 용기 있게 결단하고 나아간 아이의 성공적인 이야기라고 말할 수 있다.

6. 마이클

마이클은 안드레아보다 훨씬 어린 아이라서 좀 다르게 접근할 필요가 있었다. 이 사례를 통해 나는 치료를 위한 스토리텔링이 가져올 수 있는 역효과에 대해 배울 수 있었으며, 덕분에 새로운 방법을 연구하는 계기가 되었다. 나는 안드레아의 회기에서 직접적으로 사용하였던 사이코드라마의 원리들과 스토리텔링을 접목한 방식을 개발하기 시작했다.

　마이클은 7살짜리 아이였는데, 심각한 언어 장애로 일상에서 대화할 수 있는 아주 간단한 문법도 익히지 못한 상태였다. 마이클이 하는 말은 매우 제한되어 있었기 때문에, 우리 둘 사이의 대화를 아이가 어느 정도 이해하는지 가늠하기도 힘들었다. 마이클을 치료하고 있던 언어 치료사는 마이클이 언어가 더 이상 발전하지 않는 정체기plateau에 이르렀으며, 18개월 전 엄마의 죽음이 가져온 정서 변화가 가장 큰 요인이라고 믿고 있었다. 사고가 나던 날 아침, 마이클은 여느 때와 같이 엄마에게 아침인사를 하고 학교에 갔지만, 오후에 집으로 돌아왔을 때 엄마는 이미 이 세상 사람이 아니었다. 갑작스런 교통사고로 엄마를 잃은 것이다. 그 당시 마이클은 언어 장애에 대해 적절한 치료를 받지 못한 상태였고, 친척들은 마이클이 말소리를 이해하고 있는지도 몰랐다. 그래서 마이클에게 무슨 일이 일어났는지 이해할 수 있게 설명도 못해 준 채 시간이 흘러갔다. 그래서 마이클의 혼란과 슬픔은 아주 커다란 침묵의 세계 속으로 묻혀 버리게 되었다.

마이클을 담당했던 언어 치료사도 손 인형을 사용하여 아이들이 어려움을 이야기하도록 돕는 스토리텔링 기법을 어느 정도는 알고 있었다. 그녀는 내게 마이클을 만나 마이클의 슬픔을 달래 보도록 요청했다. 마이클은 그때까지 어느 누구와도 엄마에 대한 이야기를 나누어 본 적이 없었으며, 마이클을 달래 보려는 사람에게는 강한 저항감마저 보였다.

마이클을 위한 이야기를 준비하면서, 나는 먼저 마이클의 입장이 되어 이 어린 아이가 지금까지 겪었을 충격에 대해 충분히 느껴야 했다. 마이클이 슬픔을 표현할 수 있고 또 그가 경험했던 핵심 감정들을 두루 포함하는 이야기를 찾고 싶었다. 그러나 동시에 마이클이 자신의 슬픔을 드러낼 준비가 안 되었을 상황에 대비하여, 그가 이 과정을 그저 하나의 유희로 즐길 수 있을 만큼 거리두기가 가능한 이야기를 생각해야 했다. 그 자체가 하나의 이야기가 될 수 있어야 했던 것이다.

스토리텔링 회기

마이클은 6명의 친구들을 학교 놀이터에서 데려왔다. 나는 아이들이 손 인형과 인형들을 마음껏 가지고 놀 수 있도록 내버려두었다.

디렉터: 자, 이제 우리 얘기를 해 보자. 손 인형을 무릎 위에 올려놓고, 우리에게 필요한 인형이 뭘까 찾아보자.

(디렉터는 볼에 눈물방울이 그려진 어른 여자 인형을 고른다. 디렉터는 의자에 앉아 그 인형을 무릎 위에 올려놓는다. 디렉터의 어깨에 가려 눈물로 얼룩진 인형 얼굴이 잘 보이지 않는다. 디렉터가 인형을 유심히 바라본다.)

디렉터: 이런, 너 울고 있구나!

여자 인형: [디렉터가 인형 역할도 한다. 인형의 움직임과 동작을 솜씨 있게 다루며] 우는 거 아냐!

디렉터: 울고 있는데. [동정심이 가득 찬 목소리로] 무슨 일이니?

여자 인형: 아무것도 아냐! 우는 거 아니라니까!

(인형은 우는 얼굴을 디렉터의 어깨에 더 깊숙이 파묻는다. 디렉터는 다리가 얇고, 팔 부분이 전후좌우로 움직이는 작은 이중 관절 인형 하나를 고른다. 한 아이에게 그 인형을 사용해 울고 있는 여자 인형의 고개를 돌려 줄 것을 부탁한다. 고개를 돌리자 눈물이 선명하게 드러난다.]

작은 관절 인형: [디렉터가 인형 역할을 한다.] 울어도 돼요. 사람들은 슬플 때 다들 울어요. 슬플 때 속 애기를 하면 한결

나아져요. [조용히 눈물을 떨군다.] 무슨 일이에요? 나한테 말해 봐요.

여자 인형: 내 작은 고양이가 없어졌어요. 어제 아침까지만 해도 언제나처럼 내가 출근할 때 문 앞까지 날 쫓아왔었는데, 집에 와 보니 없었어요. 그 이후론 못 봤어요. 아마 다시는 볼 수 없을 거예요.

(더 흐느낀다.)

작은 관절 인형: 어쩜… [여자 인형에 팔을 두른다.] 사랑하는 사람을 잃었을 때 애기를 하면 조금 나아지기도 해요. 고양이 애기 좀 해 줄래요? 고양이 이름이 뭐였나요?

여자 인형: 미드나이트요.

작은 관절 인형: 어떻게 생겼어요?

여자 인형: 정말 예뻤어요. 윤기 나는 검은 털에 눈은 크고 초록빛의… 이 세상에서 가장 긴 수염을 가졌어요.

(디렉터는 바늘 두더지 손 인형 하나를 집어 든다.)

바늘 두더지: 나, 그 고양이 알아요. 날 쫓아오곤 했었죠. 그래도 내 바늘은 무서워했어요.

(디렉터가 이번에는 펑크스타일의 못난이 인형을 집어 든다.)

못난이 인형: 미드나이트는 내 다리에 와서 자기 몸을 문지르곤 했어요. 그게 참 좋았는데. [쉰 목소리로] 당신이 슬프다니 나도 유감이에요. [수줍어하며 머리를 두드린다.]

디렉터: [다른 인형을 쥐고 있는 아이들에게] 이 중에 누구 미드나이트 아는 사람?

어린이들: 저요! 저요!

디렉터: 무슨 얘길 하고 싶지? 뭘 하면 좋을까?

(디렉터는 아이들이 이야기를 덧붙일 수 있도록 유도한다. 아이들은 활발히 참여한다. 자유롭게 즉흥적으로….)

디렉터: [아이들의 이야깃거리가 거의 떨어질 무렵, 디렉터가 침묵을 깨며 이야기를 덧붙인다.] 가끔 미드나이트가 무서울 때도 있었지만, 나도 미드나이트가 여기 있었으면 좋겠어요. 당신이 슬프지 않았으면 해요. 미드나이트를 찾도록 내가 도와줄게요.

디렉터: 우리 다 같이 미드나이트를 찾아보자.

(자기 인형을 손에 쥔 채, 아이들은 방 안을 분주히 돌아다닌다. 마침내, 검은 고양이를 찾아서 원주인에게 돌려준다. 여자 인형이 미드나이트를 찾은 걸 다 같이 기뻐해 준다.)

나는 언어 치료사에게 내 인형 놀이가 마이클에게 얼마나 특별한 의미를 주었는지, 그리고 과연 마이클이 그 인형 놀이를 자신의 상황으로 받아들일 수 있었는지 여부는 전혀 확신할 수 없다고 했다. 그런데, 마이클을 위해 학교에서 생활 적응을 돕는 도우미 누나의 말에 따르면, 마이클은 이제 죽음이 가져온 상실을 인지하게 되었다고 한다. 도우미 누나에 의하면, 나와 회기를 가진 뒤 마이클은 그림을 그릴 때 항상 중앙에 선을 하나 그리고 선 위와 아래에 사람들을 그린다고 했다. 도우미가 "그 선은 왜 그린 거야?"라고 물으면, 마이클은 선 위에 있는 사람들을 손으로 가리키며, "이 사람들은 죽었어요. 엄마도, 할아버지도 여기, 이건 아무개…." 그 이후에도 몇 주간 마이클은 매일같이 그림에 엄마를 등장시켰으며, 엄마 이야기를 먼저 하기도 했다고 한다.

그러고 나서 얼마 뒤, 나는 마이클과의 인형 대화 회기에서 내가 간과한 부분이 있음을 깨닫게 되었다. 그 당시 나는 치료를 위한 이야기의 목적과 효과를 아이의 아버지에게 따로 설명해 주지 못했는데, 그로 인해 마이클의 가족들은 스토리텔링 이후 마이클이 하는 말들을 이해하지 못하는 일이 일어났다. 스토리텔링 이후 하루는 마이클이 평상시와 다르게 유난히 조용하고 풀이 죽어 보였다고 한다. 도우미 누나가 어디가 아프냐고 물어 보았지만, 별다른 이유를 말하지 않았다. 마이클은 분명 평상시와 많이 다른 행동을 보였다. 며칠 뒤, 도우미 누나는 마이클의 가족을 통해 마이클이 가장 따르던 삼촌이 심장마비로 사망했다는 소식을 접했다. 마이클은 삼촌의 사망 소식을 듣고는 "삼촌이 보고 싶다"고 계속 말했다고 한다. 마이클에게 그건 불가능한 일이라고 이야기해 주어도 아랑곳없이 계속 "삼촌이 보고 싶어. 작별 인사를 하고 싶어"라고만 했다고 한다. 마이클은 인형놀이에서처럼 삼촌과 이야기를 나누고 싶었던 것이다. 하지만 가족 중 그 누구도 마이클의 그런 마음을 알 수 없었고, 아이의 슬픔을 제대로 헤아리지 못했으며, 어떻게 위로해야 좋을지 몰랐다. 마이클의 어깨에 팔을 두르며 위로해 준 사람은 오직 도우미 누나뿐이었다.

이 일을 계기로 나는 다시금 치료적 이야기들이 갖는 효과를 과소평가하지 않게 되었다. 그 이후로 나는 이야기를 계획하는 단계부터 이야기의 내용을 실제로 들려주는 단계(종종 부모도 아이가 듣는 자리에 함께 있게 한다), 그리고 이야기 이후에 아이가 보이는 행동 변화 모두를 부모와 함께 밀접하게 나누어 오고 있다. 이야기 자체가 사이코드라마의 원리들과 긴밀한 연결성을 가졌음을 더 확신하게 된 것이다.

그즈음 나는 사이코드라마와 아이들의 놀이가 고전적인 동화 구조와 많은 유사성을 갖고 있음에 주목하였다. 동화에서는 주인공 영웅과 악역이 있고, 어려운 문제들이 발생하거나 생명을 걸 만한 목표가 생기고, 이에 따라 대모험과 고투가 그려진다. 그리고 결국에는 주인공이 승리하고 축배를 드는 이야기들이 주를 이룬다. 사이코드라마에서도 이와 관련된 몇 가지 평행 구조가 존재한다. 주인공의 강점과 약점이 그려지고, 내면세계와 원하는 역할을 수행하는 데 도움 또는 방해가 되는 외부 환경적 요인이 존재하며, 개인의 자발성이 살아나 카타르시스를 느끼고 새로운 해결점을 찾을 수 있게 하는 점들이 바로 그것이다.

아이들과 몇 차례 만나면서 깨달은 것은, 치료할 때 사용하는 이야기는 아동이 가진 문제의 핵심과 꼭 들어맞아야 한다는 것이다. 허구의 인물인 이야기 속 주인공이 겪는 모험은 아동이 직면한 문제와 비슷하다. 동화에서처럼, 이야기 가운데는 주인공이 삶을 고양하기 위하여 추구하는 목표를 돕는 인물들과 이를 가로막는 훼방꾼들이 존재한다. 이들은 아동이 지닌 방어 기제의 강점과 약점을 나타낸다. 대개 아이들은 이야기 중간에 끼어들어 이야기를 해피엔딩으로 끌어가고자 한다. 아이의 표정이야말로 이야기의 핵심과 가장 밀접하게 연관되며, 이야기가 아이의 주관적 현실과 일치하는지를 말해 주는 가장 좋은 길라잡이인 셈이다.

마이클과의 작업은 한 번의 스토리텔링 상담으로 끝났다. 그 뒤로 나는 사설 상담소의 일을 맡게 되어 마이클의 언어 치료사와 만나 이야기를 나눌 기회가 없었다. 나에게 마이클의 사례는 미완성 치료인 셈이다. 하지만 한 가지 말할 수 있는 것은, 마이클이 친구들과 함께 한 인형 이야기 치료를 통해 증상이 많이 완화되었고, 실제 삶에서도 뚜렷한 호전을 보였다는 점이다.

7. 메그

6살 난 메그는 타고난 이야기꾼이었다. 그래서 메그를 위한 이야기는 보통의 경우와는 좀 다른 방법으로 만들어졌다. 마이클과는 달리 메그는 언어 발달에 문제가 없었으며, 노는 모습에도 거리낌이 전혀 없어 보였다. 메그는 오히려 나와 함께 이야기를 만드는 데 직접 참여하기도 했다.

메그의 엄마는 평소 활발한 어린 딸의 갑작스런 변화를 염려하며 나를 찾아왔다. 내가 메그를 처음 보았을 때, 이 소녀는 우울하다가도 이내 갑자기 화를 내거나 저항감을 보이는 등 감정의 양극단을 오가는 상황이었다. 메그의 엄마 샐리는 이런 현상이 아빠를 만나고 난 뒤에 생겨났다고 했다. 치료를 위한 이야기가 용수철처럼 튀어 나온 것은 두 번째 회기에서였다. 이는 결코 의도한 바도 아니었고, 메그의 엄마와 어떤 특별한 준비를 한 것도 아니었다. 단지 내가 메그의 소극적인 행동에 대해 직접적으로 반응해 들어가니 이야기가 튀어 나왔고, 그 안으로 빨려 들어갔을 뿐이다. 그러나 다른 한편으로 볼 때, 어쩌면 그것은 계획된 것이었다. 나는 그때 메그에게 이미 생각할 수 있는 충분한 상황을 만들어 주었고, 나 역시 그 상황 속으로 옮겨 가려는 것을 알 수 있었으니 말이다.

내 치료에서 아이들과의 첫 대면은 아이의 부모 또는 보호자와의 면접으로 시작된다. 이 면접을 통해 입수한 좀 더 많은 정보(치료를 하려고 온 경위, 부모가 생각하는 아이의 특징과 장점, 아이의 삶에 영향을 끼칠 만한 그룹이나 사람들 등)를 바탕으로, 아이가 가진 문제의 핵심이 무엇인지를 나름대로 생각해 본다. 다른 이들의 관점이 아닌 아이의 입장에서 문제의 핵심은 과연 무엇일까 하는 생각이 주요 목표가 되는 것이다.

첫 면접을 통해 알게 된 사실은, 메그는 아빠를 만날 생각이 없었다는 것이다. 메그의 부모는 메그가 태어난 지 얼마 안 되어 헤어졌으며, 메그는 그 뒤로 아빠와 유대감을 느낄 기회를 전혀 갖지 못했다. 아빠 역시 메그의 방문을 선뜻 결정하지 못했으며, 딸과의 시간을 어떻게 보내야 할지 몰라 어려워했다. 메그는 부모의 이혼으로 남겨진 힘없는 어린 아이에 불과했다. 메그는 가능한 한 자기 일은 스스로 책임지고 싶어 하는 아이였다. 이를 염두에 둔 나는 메그를 만나기 전 메그의 핵심 문제에 대한 잠정적 가설을 하나 세웠다. 그러나 가설은 어디까지나 가설일 뿐이었다. 만일 메그에게 다른 문제가 있다면 나는 언제라도 가설을 버릴 준비가 되어 있었다.

첫 번째 회기

문에서 메그와 샐리(메그의 엄마)를 맞는다. 메그와 샐리가 방으로 들어온다. 메그는 엄마 옆에 있지만, 엄마와 같이 앉으려고 하지 않는다. 메그는 엄지손가락을 입에 물고 바닥에 앉아 다리를 앞으로 뻗은 채 나를 호기심 어린 눈으로 바라본다. 나는 몇 가지를 확인한다. 샐리에게 나를 찾게 된 동기를 메그에게 어떻게 설명했는지 물어본다. 메그에게는 엄마와 내가 전에 한 번 만난 적이 있다고 말했다고 한다. 샐리는 내게 장난감이 아주 많으며 뭔가 마음 아픈 일이 생긴 아이들이 자주 놀러 온다는 사실을 알고 있었다. 또한 나의 치료법이 아이들의 기분을 나아지게 하는 데는 가장 좋은 방법이라고 알고 있으며, 최근 자주 화를 내고 우울해하는 메그를 돕기 위해 나에게 데리고 왔다고 한다.

나는 메그를 장난감이 있는 방으로 데리고 간다. 메그는 장난감에 관심은 있지만, 아직 조심스러워하는 눈치다. 나는 메그에게 벽장에 가면 장난감이 또 있다고 말해 준다. 벽장문을 열자 메그는 "와~" 하고 탄성을 지르며 곧바로 안에 있는 장난감들을 이것저것 만져 보면서 신기해한다.

이때, 나는 샐리에게 내가 메그와 함께 노는 동안 다른 볼일이 있으면 잠시 다녀오는 게 어떻겠냐고 묻는다. 샐리는 마침 상점에 갈 일이 있다고 한다. 샐리는 약 45분 뒤에 돌아오기로 하고 자리를 떠난다. 내가 샐리와 이야기하는 동안 메그는 얌전히 장난감들을 둘러본다. 이제 샐리는 떠나고, 메그와

나, 둘만 남았다.

디렉터: 자, 게임 몇 가지 해볼까? 네가 첫 번째 게임에서 짱이
되는 거야. [메그의 의도적이고 강한 몸짓 언어에 대한 응답
으로] 그런 다음 두 번째 게임에선 내가 짱을 할게.

(메그는 왕 인형을 집어 든다.)

메그: 이제부터 메리 이야기를 할 거예요.

디렉터: 그래, 그럼 나한테 어떻게 해야 되는 건지 말해 줘. 이
건 네 게임이니까.

메그: 얘가 메리예요. 그리고 [못 찾겠다는 듯] 요셉이 될 만한
인형 어디 있을까요?

디렉터: [같이 둘러보지만 주위에 적당한 남자 인형이 보이지 않
는다. 주저하듯 펑크스타일 인형을 건네며] 이걸로 하면 될
까?

메그: [놀란 듯] 안 돼요. 그건 귀걸이를 했잖아요.

(한참 찾더니 털이 난 쥐 또는 주머니쥐같이 생긴 손 인형을 집
는다.)

　　얘가 요셉이에요.

(디렉터는 진지하게 메그의 의견을 존중한다. 게임이 계속된다.
한참 뒤, 디렉터가 말한다.)

디렉터: 우리 이제 이거 그만하고 내가 짱 해도 돼?

(메그는 쉽게 그러자고 한다. 메리와 요셉과 아기(헝겊으로 싼 돌)
가 당나귀 등에 올라타 전속력으로 달린다.)

디렉터: 이번 게임은 네가 너희 가족 사람들을 나한테 소개해

주는 게임이야. 우선 너를 골라봐.

(메그는 제일 좋은 것, 도자기같이 하얀 인형을 고른다. 메그가 고른 인형을 무대 중앙에 둔다.)

디렉터: 이번엔 엄마 인형을 골라 보자.

(메그는 하얀 얼굴 인형보다 유일하게 몸집이 큰 인형을 선택한다. 표범.)

디렉터: 아빠가 될 인형도 골라야지.

메그: [깜짝 놀라면서] 아니요, 아빠 우리랑 같이 안 살아요.

디렉터: 그래, 알았어. 참, 아빠 나른 십에 살지. 그럼, 이번엔 너랑 엄마가 사는 집을 만들어 보자.

(메그는 의자를 몇 개 가져와 집을 만들고 인형들을 그 안에 넣는다.)

디렉터: 아빠 집도 만들어 볼까?

메그: 아빠는 할머니하고 살아요.

디렉터: 그렇담, 할머니 인형도 골라야겠네.

메그: [금방 "예쁜 여자 아이 인형"을 고른다.] 할머니는 작은 예쁜이에요. (메그가 어깨 너머로 내게 말한다. 이미 메그의 엄마를 통해 메그의 할머니가 '지독히도painfully' 좋은 분이라는 이야기를 들은 바 있다.)

디렉터: 아빠도 골라 봐.

메그: [못 이기는 척 벽장 쪽으로 다리를 끌며] 아빠는 정말 끔찍해요. [인형을 고르면서도 싫은 내색이 역력하다. 눈살을 찌푸리며 결국 인형을 하나 고른다. 그리고 인형을 향해] 그래, 네가 아버지 역할 해라. 에잇! 난 네 셔츠가 맘에 안 들어.

[메그가 그 인형을 바닥에 냅다 던진다.]

디렉터: 자, 아빠를 한 번 만나 보자.

메그: 아빠 집에 가는 거 싫어요. 아빠가 내 얼굴에 막 진흙을 칠해요. 그리고 나를 수영장에 막 밀어 넣어요.

디렉터: 정말 안 좋았겠구나. 아빠에게 싫다고 말해 본 적 있어?

메그: 아니요.

디렉터: 왜?

메그: 내 몸이 그러지 말라고 하니까요.

디렉터: [충분히 이해하며] 그랬구나.

메그: [갑자기 뛰어오르며] 이 얘기는 행복하게 끝나야 해요.

디렉터: [메그의 열의에 부응하여] 좋아! 행복한 결말을 만들어 보자꾸나!

메그: [메그는 광대 인형의 다리를 붙잡고 사납게 인형을 내동댕이친다.] 넌 죽어야 해!

(메그가 보여 준, 전혀 예상치 못한 "행복한 결말"에 디렉터는 딜레마에 빠진다. 주인공이 보이는 이런 결정은 성인을 위한 사이코드라마에서는 디렉터에 의해 극대화되며, 극의 하이라이트가 된다. 성인이라면 이런 상황에서 디렉터가 실제로 사람을 죽이기를 바라는 것이 아님을 알아차릴 수 있다. 하지만 디렉터가 일반적인 방법대로 메그의 의견을 따라 아버지를 죽이는 장면을 연출한다면, 메그는 혼란스러워 하지 않을까? 반대로 디렉터가 메그의 소망을 그대로 반영하지 않는다면, 메그는 자신이 아빠를 "죽이고 싶어 한" 것에 대해 디렉터가 꾸짖는다고 느끼게 되

지는 않을까? 마침내, 디렉터는 눈살을 찌푸리고 한층 과장된 마임으로 공포를 주고 충격을 주는 아빠의 모습을 표현하기로 결정한다. 이렇게 함으로써, 오히려 극의 "놀이"적 성격이 부각되고, 동시에 생각 속에 담긴 공포가 인식되며, 그것을 극으로 표출할 수 있게 되기 때문이다. 메그는 디렉터의 이런 태도에 용기를 얻나 보다. 억눌렸던 분노가 놀이를 통해 수면 위로 떠오른다.)

메그: 그뿐만이 아냐. 넌 지옥에 갈 거야. [외치는 동안 메그는 인형 위에 올라서 있다.]

디렉터: [메그의 반응을 한층 고조시키면서] 지옥이 될 만한 장소를 정해서 그를 지옥에 넣어야 할 것 같은데.

(메그는 장난감이 들어 있는 벽장을 고른다. 디렉터는 메그에게 문을 닫자고 부추긴다.)

디렉터: 행복하게 끝난 걸 같이 축하해야지. 어떻게 축하를 하면 좋을까?

메그: [결심한 듯] 춤을 춰요.

(메그는 드레스를 입고 무대 중앙을 의식하면서, 발레리나처럼 사뭇 진지한 표정으로 천천히 춤을 춘다.)

두 번째 회기

메그에게 오늘은 뭘 하면서 놀고 싶은지 물어 본다. 메그는 풀이 죽은 채 앉아 있다. 그러고는 모르겠다는 듯, 어깨를 으쓱한다.

디렉터: 엄마가 지난주에 널 데리고 여기 왔을 때, 네가 가끔
　　　우울하다고 말했지만, 그렇다고 항상 우울하진 않을 텐데.
　　　그래서 말인데, 네가 행복한 때를 나한테 그림으로 그려
　　　줄래? 어때, 한 번 해 볼래?'

(메그는 그러겠다고 하고, 나는 메그가 그림을 그릴 수 있도록
작은 탁자와 종이, 그리고 색깔 펜을 준비해 준다. 메그는 자신이
꽃, 새, 무지개 등에 둘러싸여 있는 경쾌한 그림을 그린다.)

메그: 여기 뭐라고 좀 써야겠어요. [집중해서 무언가를 적는다.]
　　　내 이름은 메그. "왜냐하면"을 어떻게 쓰지요?

디렉터: 왜-냐-하-면.

(메그가 "왜냐하면, 내가 태어났으니까"라고 이어서 적는다. 디
렉터는 메그와 함께 메그가 그린 그림에 대해 이야기한다.)

메그가 그림을 그리는 동안 나는 메그가 지난주 게임의 마지
막 결말에서 얻었던 해방감을 상기시키는 데 도움이 될 방법
을 생각하고 있었다. 지금 메그의 풀죽은 행동은 아빠가 죽기
를 바랐던 자기 자신에 대한 죄책감에서 비롯된 것으로 해석
된다. 나는 어른에게 부당한 대우를 받을 때는 화를 낼 수 있
다는 일종의 허락의 메시지를 주었고, 메그가 이를 무서워하
지 않도록 거리를 유지하면서 치료를 위한 이야기를 찾는 것
을 돕기 위해 애썼다.

　　동시에, 메그가 원치 않는 사람과의 만남을 직면해야 하는
상황도 비유적으로 포함했다. 왜냐하면 메그의 부모님은 아이
에 대한 접근을 이미 법적으로 동의한 상태였기 때문이다.

메그의 이야기

옛날 옛적에 한 할머니가 손녀와 함께 아름다운 숲 속에서 살고 있었어요.

(나는 메그에게 할머니와 소녀 역할을 할 인형을 직접 고르고 인형에게 이름을 붙여 보라고 했다. 메그가 정한 소녀 인형의 이름은 리사였다.)

하루는 할머니가 숲 속 길을 걷고 있는데 폭풍우가 몰아쳤어요. 바람이 무섭게 불고, 비가 퍼붓고, 그리고 나무들은 겁나게 휘청거려서 이러다 휘어져 부러지는 게 아닐까 하고 생각될 정도였어요. 그때 갑자기 어디선가 "쿵" 하는 소리가 들렸어요. 나뭇가지가 부러져 그만 할머니의 머리 위로 떨어졌어요. 다행히 할머니가 다치시진 않으셨지만, 나뭇가지가 너무 크고 무거워 할머니는 움직일 수가 없었어요.

"오, 이런… 어떡하면 좋담? 이제 난 어떻게 되는 거지?" 할머니는 소리쳤어요. "도와주세요! 누구, 나 좀 도와주세요!"

바로 그때, 할머니는 땅이 흔들리고 있음을 느꼈어요. 쿵, 쿵, 쿵. 거인이 때마침 비를 피해 서둘러 집으로 가고 있던 중이었어요.

"오, 거인님. 지 좀 도와주세요. 당신은 크고 강하니까 이 나뭇가지를 쉽게 들 수 있잖아요. 제발 도와주세요."

할머니가 부탁했지만, 거인은 웃기만 했어요. 거인이 보기엔 할머니가 나무 밑에 깔려 있는 것이 재미있어 보일 뿐이었어요.

"제발 도와주세요. 거인님. 내 손녀딸이 지금 집에 혼자 있어요. 손녀딸에겐 내가 필요해요. 제발 저 좀 일으켜 세워 주세요."

"흠, 어린 손녀딸이라…." 거인은 생각했어요. 때때로 거인은 방에서 성 밖을 내다볼 때, 아이와 함께 있는 사람들이 행복한 시간을 보내는 것을 보았지요. 그래서 가끔 자기도 어린이였으면 하고 바랐어요. 항상 그런 건 아니었지만 말이에요. '오! 싫어. 애들에 대해 참아 내야 하는 게 얼마나 힘든 일인데. 가끔씩은 괜찮지만 말이야. 일주일에 한 번? 아니 한 달에 한 번이 더 좋겠어.'

"좋아…. 내게 한 가지만 약속해 주면 부탁을 들어주지!"라고 거인이 말했어요.

"어떤 것이든지요. 어떤 것이든 약속할게요." 할머니가 말했어요(할머니는 허리가 끊어질 듯 아팠고, 집에 두고 온 리사에 대한 걱정으로 머리까지 아파 오고 있었어요).

"한 달에 한 번 네 손녀딸을 내 집에 데려와서 나와 하루 종일 머물게 해 준다고 약속하면 나뭇가지를 올려 주지."

할머니는 승낙했어요. 이렇게 해서 리사는 한 달에 한 번씩 거인의 집을 방문하게 되었어요.

(이즈음에서 나는 메그를 이야기에 참여시켰다. 내 회전의자를 이용하여 우선 거인이 사는 성을 함께 만들었다. 그리고 리사가 못 이기는 듯 길을 따라 성 쪽으로 걸어오게 했다. 그런 다음, 메그에게 다음 이야기를 이어가게 했다. 메그는 거인이 리사의 얼굴에 진흙을 묻히고 수영장에 밀어 넣는 이야기를 했다. 나는 메

그의 뒤를 이어 리사가 꽤나 편치 않은 마음으로 집으로 돌아오는 것으로 이야기를 마무리지었다.)

그날 저녁 집에 돌아온 리사는 저녁을 먹지 않았어요. 할머니가 억지로 방에 들어가게 할 때까지 리사는 저녁 내내 채소를 집어 던지고, 할머니한테 소리를 지르기까지 했어요. 다음날도 리사의 못된 행동은 마찬가지였어요.
(여기서 메그는 리사가 하는 못된 행동을 내가 잘 지어 낼 수 있도록 계속 힌트를 준다.)

마침내 할머니는 더 이상 견딜 수가 없었어요. "바르게 행동하는 게 어떤 건지 알게 될 때까지 밖에 나가 있어. 너에게 무슨 일이 생긴 건지 모르겠다. 너는 더 이상 내가 알던 리사가 아니야!"라고 소리쳤어요.

리사는 정원으로 뛰어나와 덤불 밑에서 서글픔과 화를 삭이며 앉아 있었어요. 올빼미가 날아와 옆에 앉을 때까지 말이죠.

"무슨 일이니? 진짜 시무룩해 보이는 걸." 올빼미가 물었어요.

리사는 자기가 얼마나 못되게 굴었으며, 지금 자기 기분이 얼마나 엉망인지를 말해 주었어요.

"흠~ 난 어제 네가 거인이 사는 성에 있는 걸 봤어. 별로 재미있어 하는 것 같지 않던데. 내 생각엔 네가 어제 성에 다녀온 일 때문에 몹시 화가 나서, 집에서 화풀이를 하게 된 게 아닌가 해." 올빼미가 말했어요.

"글쎄, 거인에겐 화를 못 내잖아"라고 리사가 대답했어요.

"거인이 화를 낼 게 뻔하고, 그러면 나는 겁이 날 테니까."

"너한테 필요한 건 친구로구나"라고 올빼미가 말했어요.

(나는 메그에게 친구를 고르도록 한다. 메그는 바나나 지미라는 원숭이를 선택한다.)

"다음번에 거인이 사는 성에 가게 될 때, 내가 바나나 지미를 같이 보내 줄게"라고 올빼미가 말했어요.

(다시 한 번 나는 메그를 이야기에 참여시켰다. 바나나 지미는 모든 친구들을 데리고 와서, 리사의 얼굴에 진흙을 묻히고 수영장에 밀어 넣는 게 얼마나 기분 나쁜 일인지 리사가 거인에게 이야기할 수 있도록 용기를 불어넣어 준다.)

리사의 친구들도 리사가 거인에게 이야기할 수 있도록 도움을 준다. 급기야 리사의 친구들은 거인의 얼굴에 진흙을 묻히고 수영장에 밀어 빠뜨린다. 거인은 물속에 빠져 허우적대며 으르렁거린다. 리사가 집으로 돌아올 때, 이번에는 올빼미가 그녀에게 말했다. 거인의 집을 방문했을 때의 기분 나쁜 일들을 기억하며 우울하게 덤불 밑에 앉아 있지 말라고.

"네가 거기 그러고 있는 동안 아름다운 세상이 모두 지나가잖니. 네가 알아차리지 못하는 사이에 말이야. 이리 와 보렴." 올빼미가 말했어요.

그리고 올빼미는 리사를 아름다운 꽃나무 아래로 데리고 간다.

(나는 메그를 꽃무늬가 그려진 파라솔 아래에 앉게 한다.)

"이 아름다운 세상을 즐거워하는 창조물들을 좀 봐."

(그런 다음 우리는 메그의 그림에 그려져 있던 동물, 새, 식물들

의 행진을 시작한다.)

햇빛이 그녀에게 비치고, 무지개가 펼쳐진다. 리사는 더 이상 우울해하지 않고 다시 명랑한 소녀로 돌아와 토끼의 익살에 까르르 웃기도 하고 무지개를 잡으려고 손을 뻗기도 하면서 행복해한다. 올빼미가 날아와 리사의 볼에 입 맞추며 말한다.

"거 봐! 너도 나처럼 지혜로워지는 법을 배우고 있는 거야."

이야기가 전개되는 동안 메그는 몇 차례 눈이 동그랗게 커지고 조용해졌다. 그녀의 몸짓은 이 이야기가 자기를 위한 것임을 깨닫고 있음을 말해 주었다. 올빼미가 리사에게 덤불 아래에서 얼굴을 찌푸리고 있지 말고 예쁜 꽃나무 아래로 와서 앉으라고 할 때가 그런 순간들 중 하나였다. 올빼미가 날아와 부드러운 부리로 리사의 볼에 입 맞추는 대목에서는 마치 올빼미의 칭찬을 받아들이기라도 하듯, 메그는 기쁨으로 얼굴이 발그레해져 나를 올려다보았다. 메그는 그 뒤로 두 번 더 나를 찾아왔는데, 이야기에 내포된 의미를 굳이 설명하지 않아도 그녀 스스로 연관성을 찾았다. 메그의 부모는 딸의 행동에 생긴 변화를 감지했다. 메그는 무리한 요구를 하는 아빠에게 자기의 마음을 표현할 수 있게 되었다. 치료적 놀이therapeutic play에서 경험한 과장된 행동으로, 메그는 실제 생활에서도 해결책을 찾는 능력을 발휘할 수 있게 된 것이다. 이전에 보였던 감정의 폭발적인 분출이나 우울증도 점차 사라졌다.

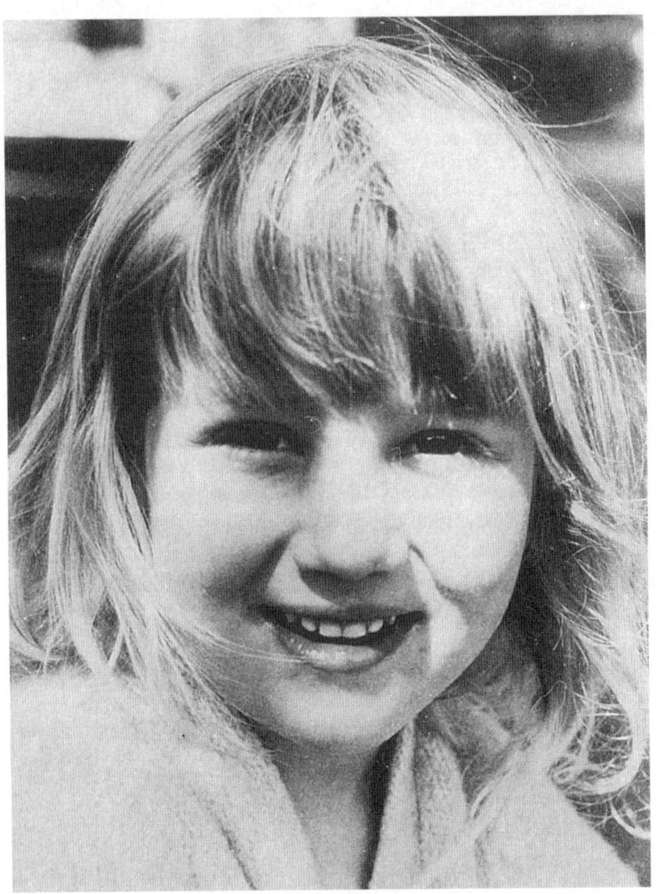

사진: Linda Gallus

8. 제시카

내 기억 속에 남아 있는 제시카는 그림자처럼 희미한 여자 아이였다. 제시카는 자기 이야기하기를 극도로 조심스러워했고, 공포심까지 느꼈다. 내가 말할 수 있는 것은, 이 아이 역시 자력으로는 어찌할 수 없는 수많은 변화와 역동을 삶 속에서 경험했다는 정도이다. 나와 만나기 전, 이미 제시카는 여러 상담가들을 만나 본 경험이 있었다. 놀이 치료를 하는 중에도 제시카는 나를 매우 조심스러워했으며, 뭔가를 계속 통제하려는 모습을 보였다. 그래서 이 아이와 함께 최선의 것을 만들고 나누는 네 정말 어려움이 컸다. 이러한 상황에서 내가 선택한 이야기는 다음과 같다.

어린 바늘 두더지

옛날 옛적, 큰 홍수가 나 강물이 넘쳐흐르고 물살이 빠르게 바다로 흘러가는 일이 생겼어요. 홍수 때문에 많은 숲 속의 동물들도 물살에 떠내려가고 말았어요.
(제시카는 나를 도와 동물을 고른다. 나는 앵무새, 주머니쥐, 그리고 개구리가 잘 보이도록 해 준다.)

　　아무도 동물들에게 무슨 일이 일어났는지 몰랐어요. 이러다가는 아무도 살아남지 못할지도 모르는 일이었어요. 하지만 다행히도 어린 바늘 두더지만은 살아야겠다고 결심했어요. 가까스로 나뭇가지에 매달린 어린 바늘 두더지는 그것을 부여잡고 나무 위로 기어오르는 데 성공했어요. 기진맥진한 상태로 한참을 그곳에 누워 있다가 마른 땅으로 가서 젖은 몸을 말렸어요. 그때 문득 엄마가 들려준 이야기가 생각났어요.

　　"나중에 위험한 일이 생기거든, 작은 공처럼 몸을 움츠리고 뾰족한 가시들을 곧추세우도록 하렴."

　　바늘 두더지는 지금이 바로 그 순간이라고 생각했어요. 그래서 바늘 두더지는 몸을 오므려 몸의 말랑말랑한 부분이 다치지 않도록 했어요. (바늘 두더지는 이미 강 아래 바위에 부딪히면서 떨어져 나온 나뭇가지의 날카로운 부분에 배 아랫부분이 찔려 피를 흘리고 있었어요.)

　　비가 그치고 해가 다시 나오자, 다른 동물들도 서서히 움직이기 시작했어요.
(제시카는 내가 동물 고르는 것을 돕는다.)

들개 딩고가 바늘 두더지를 발견하고는 이 이상하게 생긴 작은 공에 코를 들이대고 냄새를 맡았어요. 그러다 딱딱한 가시에 코를 찔렸고, 딩고는 너무 아픈 나머지 괴성을 내지르며 언덕 위로 줄행랑을 치고 말았어요. 조금 뒤, 근처를 어슬렁거리던 소 아저씨가 웬일인가 하고 와 봤어요. 다시 한 번 어린 바늘 두더지는 자기의 뾰족한 가시를 곧추세웠어요. 소 아저씨는 놀라 고함을 지르며 쿵쿵거리며 달아났어요.

시간이 지나면서 숲 속의 동물들은 딱딱한 작은 공이 사실은 자기들과 다를 바 없는 동물이라는 것을 점차 알게 되었어요. 동물들은 어린 바늘 두더지와 함께 놀고 싶어서 오므린 몸을 이제 그만 펴게 해 보려고 갖은 애를 썼어요. 그렇지만 어린 바늘 두더지는 여전히 겁이 났어요. 숲 속 동물들이 적인지 친구인지 알 방법이 없었기 때문이에요. 그래서 그냥 웅크리고 있는 게 낫겠다고 생각했던 거예요. 동물들은 올빼미에게 찾아가 도움을 구했어요.

"올빼미님! 어떻게 하면 저 공처럼 오므린 몸을 펴게 할 수 있을까요? 저대로 계속 웅크리고 있는 건 재한테도 좋지 않아요."

올빼미는 안경을 올렸다 내렸다 하면서 자신이 가진 모든 지혜와 지식을 동원해 골똘히 생각했어요.

"개를 찔러 봐. 그러나 부드럽게 해야 된다. 다 같이 말이야."

올빼미가 말했어요. 올빼미의 말대로 어린 바늘 두더지를 돌아가면서 찔러 보았지만, 어린 바늘 두더지는 꿈쩍도 하지 않았어요.

　"흠, 내 사촌인 마술사 올빼미라면 좋은 방법을 알고 있을 거야. 같이 가서 어떻게 해야 좋을지 한 번 물어보자꾸나."

　그래서 다들 산길을 따라 마술 올빼미가 살고 있는 곳으로 찾아갔어요.

(나는 형형색색의 예쁜 명주 천을 흔들의자에 놓인 쿠션 위에 늘어뜨린다. 그리고 그 꼭대기에 마술사 올빼미를 앉힌다. 그는 보통 숲 속에 사는 평범한 올빼미들과는 다르게 다양한 여러 색깔의 깃털을 하고 있다. 나는 제시카의 도움으로 산을 올라가는 동물들을 옆에 배치한다.)

　들쥐가 마술사 올빼미에게 몸을 똘똘 말고 좀처럼 몸을 펼 생각을 하지 않는 작은 동물 때문에 숲 속 동물들이 얼마나 걱정하고 있는지 얘기했어요.

　"우리는 개하고 놀고 싶은데, 걔는 우리가 가까이 가기만 해도 가시를 세워요." 들쥐가 말했어요.

　마술사 올빼미는 얘기를 다 듣고는 고개를 끄덕이더니, 마침내 입을 열었어요.

　"내가 하는 말을 들을 수 있게 가까이 오렴. 그럼 내가 너희들이 해야 할 일을 가르쳐 주마." 마술사 올빼미가 말했어요.

　동물들은 둥글게 모여 마술사 올빼미의 말을 기다렸어요. 마침내 마술사 올빼미가 이렇게 말했어요. "기다려 주렴."

　그게 다였어요. 동물들은 의아한 듯 서로를 쳐다보았어요. 동물들이 한 말을 마술사 올빼미가 제대로 알아들은 걸까요?

기다리라니요?

"그래. 기다려 주는 거야. 그 아이가 더는 두려워하지 않을 때까지 말이다. 그렇게 되면, 그 아이도 몸을 펴게 될 거야." 마술사 올빼미가 말했어요.

그리고 마술사 올빼미는 고개를 폭신한 배에 떨구더니 다시 잠이 들었어요. 동물들은 기쁨에 가득 차 조용히 그곳을 빠져 나와 숲 속으로 돌아왔어요. 마술사 올빼미는 어린 바늘 두더지를 비춰 달라고 해님에게 부탁했어요. 그리고 해님은 마술사 올빼미의 청대로 어린 바늘 두더지를 따뜻하게 비춰 주었어요. 따뜻한 햇살이 바늘 두더지의 가시를 지나고, 상처를 지나서, 바늘 두더지의 심장까지 전해졌어요.
(나는 제시카를 불러 해님이 되어 바늘 두더지를 따뜻하게 안아 달라고 부탁한다.)

그러자 어린 바늘 두더지의 기분이 아주 서서히 나아지기 시작했고, 아주 조금씩 조심스럽게 웅크리고 있던 몸을 펴기 시작하더니 몸을 뒤집어 따뜻한 햇살이 몸의 부드러운 속살에 비치도록 하는 것이 아니겠어요?
(이 부분에서 제시카는 내가 말한 대로 어린 바늘 두더지에게로 다가와 앉아 부드러운 손길로 바늘 두더지를 쓰다듬어 주기 시작한다).

그러기를 한참, 이제는 숲 속의 동물들도 가까이 다가왔어요. 아주 조심스럽게 바늘 두더지의 상처를 핥아 주고 햇볕 아래 편히 눕게 한 다음, 바늘 두더지가 함께 놀 준비가 될 때까지 기다려 주었어요.

위의 회기를 끝으로 당분간 제시카와 작업을 할 수 없는 몇 가지 사정이 생겼다. 그러나 나는 제시카가 원하면 언제든지 와도 된다는 말을 잊지 않았다. 그때는 제시카가 다시는 오지 않을 것 같았다. 그런데 제시카는 두 차례나 더 나를 찾아왔다. 그러고는 자신도 이야기를 만들고 싶다고 하면서, 자기가 바늘 두더지가 되겠다고 했다. 제시카는 뾰족뾰족 털이 난 작은 장갑 인형 안에 자기의 주먹을 말아 넣고 이야기 속에서 새로 사귄 놀이 친구들과 오랫동안 즐거운 시간을 보냈다. 제시카가 과연 나와 나눈 이야기를 얼마나 잘 이해했는지 알 수 없다. 내가 이야기에서 알려주고 싶었던 것은 우리 모두 각자 안고 있는 문젯거리들을 때가 되면 떠나보낼 줄도 알아야 한다는 것이었는데… 제시카가 과연 그 점을 이해했는지는 알 수 없다.

9. 마크

마크는 동료 치료사를 통해 나에게 오게 된 8살짜리 남자 아이였다. 나를 만나기 6개월 전쯤, 마크는 병원 치료를 받아야 할 정도로 심하게 아버지에게 구타를 당한 적이 있었다. 이 일로 마크의 아버지는 집행유예를 선고 받았다. 여기 기록된 치료를 위한 만남에 앞서 나는 마크의 상황을 잘 이해하기 위해 우선 가능한 한 많은 배경 정보를 확보하였다. 아버지와도 따로 만나 그가 아이에게 폭력을 쓴 일을 진심으로 반성하고 있는지도 알아보았고, 마크와 내가 만나야 하는 이유를 마크에게 잘 설명해 수도록 당부하였다. 나는 모든 정보들을 종합하여 마크의 내면세계를 미리 생각해 보았고, 마크가 나를 만나러 올 때에 갖게 될 기대 혹은 두려움 등에 대해서 나름대로 가설을 세워 보았다. 마크가 치료실 문을 열고 들어오기 전에, 나는 어떻게 마크를 만날지 이미 마음속으로 구상하며 첫 만남을 준비했다. 무엇보다도 마크가 마음 편하게 매 회기를 즐길 수 있도록 해 주어야겠다고 생각했다. 그렇게 하면 서로 낯설고 어색한데 이것저것 묻지 않아도 자연스럽게 서로를 알게 될 것이고, 아이의 내면세계도 이해할 수 있다고 생각했기 때문이다. 물론 이는 새로운 아이를 만날 때마다 반복해 온 나의 패턴이기도 하다. 이 모든 준비는 계획대로 잘 진행되는 듯했다. 그런데 마크가 '표범 인형'을 집어 들면서, 마크와 나는 한순간 지도에도 없는 외딴 곳에 들어서는 예상치 못한 경험을 하게 되었다.

마침내 마크가 처음으로 내 방에 들어선다. 나는 우선 마크의 아버지에게 묻는다. '여기 찾아오게 된 경위에 대해 마크에게 어떻게 설명해 주었나요?' 그는 계면쩍게 어깨를 으쓱할 뿐이다. 당황한 듯 아니면 할 말을 찾지 못하는 듯 머뭇거린다. 그러다 아들을 보고 말을 걸기 시작한다. "마크, 내가 이성을 잃었던 그때 이후로 우린 좋은 친구였던 적이 없었던 것 같다. 우리 사이가 좋았던 때로 돌아가고 싶다"라고 이야기를 꺼낸다. 마크는 눈을 크게 뜨고 아버지의 말에 귀를 기울인다. 고개도 끄덕인다. 나는 방 안에 있는 장난감으로 화제를 옮기고, 내가 평소 아이들과 이 장난감들을 어떻게 활용하는지 알려 준다. 마크가 나와 함께 장난감을 이것저것 둘러본다. 내가 벽장을 열어 여기저기 앉아 있는 인형, 누워 있는 인형, 매달려 있는 인형, 그리고 흔들거리며 왔다 갔다 하는 온갖 인형들을 보여 주자, 마크는 신이 나서 "와!" 하고 탄성을 내지른다. 그리고 마크와 내가 놀이에 집중할 수 있도록 아버지가 잠시 자리를 피해 주는 게 좋겠다고 부탁한다.

　마크는 이미 다음 벽장을 살피고 있는 중이다. 그런데, 마크가 큰 갈색 표범 인형을 꺼내 들더니 갑자기 인형을 바닥에 내동댕이치고는 정신없이 발로 걸어차는 것이 아닌가. 마크는 사력을 다해 인형을 내리친다. 나도 놀라서 주춤한다. 지금까지 어떤 아이도 사전 작업 없이 이렇게 빨리 즉석에서 반응을 보인 적이 없었다. 마크의 공격성과 너무나도 쉽게 치료에 빠져드는 모습에 놀랄 뿐이었다. 아이가 공격자의 역할을 통해 카타르시스를 느낄 시간을 어느 정도 주고 난 뒤, 역할 바꾸기 등의 기법을 사용하여 더 깊은 단계로 들어가기로 결정했다.

디렉터: [표범의 이중 자아 역할을 한다. 그 옆에 누워 신음하고, 울고, 흐느끼며 애원한다. 그러고 난 뒤 일어서서 디렉터로서 마크에게 말한다.] 그는 도움이 필요해! 표범을 도와줄 친구를 찾아보렴!

(그러나 마크는 아랑곳하지 않은 채, 계속해서 표범을 공격한다. 디렉터는 다른 인형을 사용하여 중간에 개입하고자 한다. 그러나 마크는 다른 모든 인형들도 걷잡을 수 없을 정도로 때리면서 점점 더 흥분한다. 디렉터는 이런 에너지를 그대로 끌고 가면서도, 마크가 에너지의 방향을 돌릴 수 있도록 돕는 것이 좋겠다는 판단을 내린다. 그래서 다시 디렉터로서 위엄 있는 목소리와 눈빛으로 말한다.)

디렉터: 그렇다면 내가 표범을 보호해야겠구나!

(마크가 디렉터를 때리려 한다.)

디렉터: 안 돼! 아무도 나를 때려선 안 돼.

(마크가 다시 움직인다.)

디렉터: 안 돼! 나는 이 방 안에서 표범이 다치지 않게 막아 줄 유일한 사람이야. 이 방에서는 자제하지 않고 남에게 심한 상처를 주는 일은 누구에게도 허락할 수 없어.

(마크의 눈에 변화의 빛이 스친다. 마크는 이제 자신을 표범과 동일시하고 있다.)

디렉터: [권위 있게] 네가 표범을 도와줘야 해! 어서! 우리가 표범을 위해 뭘 해줄 수 있지?

마크: 침대에 눕혀요.

디렉터: 좋아. 침대로 데려가렴.

(마크가 문 앞에 있는 깔개를 가져온다.)

디렉터: 훌륭한 걸… 표범에게 가장 필요한 거네. 이제 침대에 눕혀 주고.

(마크가 표범을 조심스럽게 안은 다음 깔개에 살포시 눕힌다.)

디렉터: [표범의 이중 자아 역할] 오… 고마워요. 훨씬 나아요. 오….

디렉터: [디렉터로서] 자, 이제 누가 표범을 도와줄 수 있을까? 표범을 도와줄 누군가를 데려오렴.

(마크는 벽장으로 가서 크고 하얀 물개를 가지고 돌아온다.)

디렉터: 안녕! 너는 누구니?

마크: 나는 의사예요.

디렉터: 물개 의사님이 여기 계셔서 얼마나 다행인지요. 안 그래도 우린 지금 의사 선생님의 도움이 필요하던 참인데.

이쪽으로요.

(마크는 물개 의사가 지금 표범의 상처를 꿰매 주며 청진기로 표범의 상태를 진찰하는 중이라고 말한다.)

마크: [물개 의사 역할] 그의 심장을 꺼내야겠어요. [배를 가르고 심장을 꺼내들어 살피는 시늉을 한다.]

(디렉터는 눈앞에 펼쳐진 광경을 목도하고 있다. 회기 초반에 서로 다시 "친구"가 되기를 간절히 바란다던 아버지와 마크가 보인 과격한 몸짓 언어가 다시금 연상된다. 하지만 디렉터는 주관적인 생각만으로 치료 회기를 무리하게 몰고 가고 싶지는 않다. 주관적인 생각을 간직하되, 잠시 접어 두기로 한다.)

디렉터: 심장 쪽에 심각한 문제가 있는 거야?

마크: [주의 깊게 진찰하며] 괜찮아요. 곧 원래대로 돌아올 거예요.

디렉터: 심장을 다친 게 아니라니 안심이구나.

(디렉터의 목소리에는 안도감이 담겨 있다. 마크의 말에는 두 가지 입장이 모두 교차되는 것을 느꼈다는 암시가 들어 있다. 왜냐하면, 지금의 광경은 아버지한테 구타를 당할 때 죽을 수도 있었다는 마크의 느낌뿐 아니라 아버지와 가까워지고 싶은 마크의 바람을 모두 시사하고 있기 때문이다. 마크는 역할을 다한 물개 의사를 돌려보낸다.)

디렉터: 표범 곁에 누군가 있어 주면 좋으련만. 누구를 붙여 줄까?

(마크가 크고 부드러운 코알라를 표범의 침대 오른쪽 머리맡에 놓아 준다. 코알라가 크고 부드러운 발로 표범을 쓰다듬는다.)

디렉터: [이중 자아 역할] 한결 좋아요. 고마워요.

(코알라는 계속해서 표범을 쓰다듬는다. 디렉터도 합세하여 마크가 표출하는 감정을 손으로 함께 표현한다. 아주 부드럽고 여유로운 분위기다. 마크가 일어나 작은 캥거루를 침대로 데려온다.)

마크: 그에겐 너도 필요해. [캥거루를 표범의 가슴팍에 놓는다.]

디렉터: 걘 누구니?

마크: 친구예요.

디렉터: 그래, 맞다… 친구들도 필요하지.

(디렉터는 마크가 표범을 쓰다듬는 동안 마크와 함께 그곳에 머무른다. 디렉터는 마크의 이중 자아로서, 마크의 몸짓에서 나타나는 편안함과 부드러움을 극대화하여 표현해 준다. 완벽한 평화의 순간이다. 아마도 지금이 마크가 이 모든 상황 가운데서 아버지의 역할을 새로운 방법으로 살펴볼 때인 것 같다.)

디렉터: 네가 어떻게 생각하는지 모르겠는데… 이런 일을 실제로 저지른 사람과 애기를 나누어야 할 것 같은데, 같이 해 볼까?

(마크가 고개를 끄덕인다. 디렉터는 무대를 치우고 새로운 장면을 위한 공간을 만든다.)

디렉터: 그가 될 만한 인형을 선택해 봐.

(마크가 벽장 안에 있는 장난감들을 조심스럽게 하나둘 살펴본다. 그러더니 뾰족뾰족한 보라색 머리와 귀에 안전핀을 꽂은 펑크스타일 인형을 선택한다. 마크가 갑자기 격분하여 인형을 때리고 던지고 차고 발을 구른다.

디렉터: [이중 자아 역할을 한다. 신음하고 울고 애원하고 질겁하듯 소리 지른다. 그런 뒤 디렉터로서 자리에 일어나 말한다.] 이 사람은 도움이 필요해요. 그만해요! 누가 이 사람 좀 도와줘요.

(마크가 계속해서 지금의 역할을 즐긴다. 그런 다음 펑크스타일 인형을 집어 들고는 뭔가 생각에 잠긴 듯 바라보더니 입을 연다. "괜찮아… 이제 끝났어." 그는 인형을 다시 벽장에 집어넣는다. 그러고 나서 문 쪽으로 걸어가 문에 달린 스테인드글라스를 통해 바깥의 어두운 정원을 응시한다.

마크: 아빠 밖에 있어요?

디렉터: 응, 어딘가에 계실 거야.

마크: 아빠도 같이 놀자고 해요… 회중전등 있어요?

(디렉터가 마크에게 회중전등을 주자, 마크는 손에 회중전등을 들고 티트리 나무 정원 사이를 비춘다.)

나는 디렉터로서 다음 단계를 결정해야만 한다. 디렉터는 지금 마크가 평화에 이르는 클라이맥스 단계에 있음을 알 수 있다. 그런데 여기서 앞으로 나아가야 할 방향을 철회한다면 아무런 의미가 없다. 또한 어둠 속에서 아버지를 찾기 위해 회중전등을 달라고 한 마크의 요구는, 마크가 지금 원하는 것이 무엇인지를 말해 주는 완벽한 은유적 표현이기도 하다. 이는 또한 치료에 협조하겠다는 아버지의 의지에도 은유적으로 안성맞춤이다.

　나는 새로운 의사소통 유형을 배우는 데 초점을 맞추기로 하고, 마크와 마크의 아버지가 방에 다시 돌아왔을 때 각자 행복했던 때를 그려보도록 한다. 마크는 원숭이 손 인형을 들고는 아버지의 그림을 비웃으며 방 안을 이리저리 뛰어다니는 등 어린 아이처럼 버릇없이 군다. 내가 막아 보려 하지만, 나의 그런 시도에도 마이크는 저항하기만 한다. 이는 마치 생각이 분명하지 않은 사람(아버지)을 깨우쳐 자신의 존재를 인식시키려 해 온 아주 오래된 습관을 보여 주는 것 같다.

디렉터: [원숭이에게] 지미, 이리와. [마크에게] 그를 내게 주렴. (디렉터는 부드러운 손길로 사랑스럽게 원숭이를 대한다.)
이제 이리 오렴. 거기 앉아. 옳지, 훨씬 낫구나….
(디렉터는 원숭이를 쓰다듬고 어깨 위로 그를 잠시 꼭 껴안는다.)
디렉터: 자, 여기 앉으렴. 마크 옆에. 그리고 그 우스꽝스런 짓은 그만두렴. 이제 아빠가 그린 그림에 대해 들어보도록 하자. 우리가 아빠의 말에 귀 기울일 때, 뭔가 새로운 것을 배우게 될지 모르잖아? 바로 우리가 오늘 밤 여기 모여 있는 목적이 그거 아니겠니? 그렇지 않니, 마크?
(마크의 눈이 이 말을 마음에 새기고 있음을 보여 준다. 디렉터의 눈에 비친 마크의 눈은 소의 눈같이 커 보인다. 마크는 이제 마음속 깊은 곳까지 나눌 준비가 되어 있다.)

이 회기를 통해 서로 훌륭한 상호 작용과 토론을 나눌 수 있었으며, 마크와 마크의 아버지 둘 다 난폭한 기질의 소유자라는 사실과 서로 대화를 나누는 방법에 대해 무지하다는 사실도 알게 되었다. 나는 이후에 이들을 몇 차례 더 만났다. 이후의 회기는 마크 자신이 생각하는 스스로의 "고약함"에 초점을 맞춰 진행됐다. 그러나 슬프게도, 마크의 가족이 멀리 이사를 가는 바람에 작업은 중단될 수밖에 없었다. 하지만 한 가지 분명한 점은 마크가 놀이라는 매개체를 통해 자신의 문제와 깊숙이 교전을 하였고, 이제는 자신이 처한 상황을 견딜 수 있을 만큼 깊은 통찰력을 얻게 되었다는 사실이다.

불과 한 시간가량의 시간 동안, 마크는 몇 주 분량의 독서로도 알 수 없는 큰 것을 내게 깨닫게 해 주었다. 공격자가 되어 카타르시스를 맛보는 마크에게 개입하는 과정에서 나는 새로운 길을 발견했다. 순간 내 머리를 스친(상황이 상황이니 만큼 전광석화와 같은 속도로) 그 생각들은 몇 년 전에 읽은 책 내용과 일치하는 것이었다. 그것은 모레노와 모레노의 아내가 인형을 가지고 하는 놀이의 효과와 한계에 대해 쓴 학술 논문의 글귀였는데, 그들은 인형을 다음과 같이 기술했다.

> 경우에 따라 애착과 증오의 대상이 될 수 있는 존재, 그러나 받은 사랑에 반응하거나 맞서 싸울 수는 없는 존재, 말 한마디 못하고 무참히 파괴될 수 있는 존재… 인형은 마치 자발성을 상실한 개인과 같다(Moreno 1944: 29).

나는 마크가 공격자로서의 역할뿐 아니라 희생자로서의 역할도 찾아낼 수 있었으면 하고 바랐다. 그리고 자기 안에 있는 공격자로서의 면모를 발견해 주기를 바랐다. 분노를 표출할 수 있는 자유를 찾아내는 것은 그중의 한 부분이었다. 마크가 반응할 줄 모르는 인형에 자기의 분노를 투사하도록 내버려 두었다면, 마크가 혼자 혼란스러워하도록 내버려 두는 격이 되었을 것이다.

　마크와 같은 어린 아이는 성인 사이코드라마에서 하는 역할 바꾸기를 잘 감당할 수 없다는 것을 알고는 있었지만, 자신을 희생자에 동일시할 수 있도록 이끌어 줄 방법으로 이중 자아 기법이나 손 인형을 한 번 실험해 보기로 했던 것이다. 그러자 마크는 자기 안에 있는 부드러움의 근원을 보여 주었고, 우리는 함께 이 전체 경험을 펼쳐 보일 수 있었으며, 제약 없이 발산되는 카타르시스가 가져올 효과보다 훨씬 값진 결과를 확신하면서 마크를 놀이에 임하게 할 수 있었다. 이렇게 해서 마크는 내가 기억하는 아이들 중 스승 명단에 오른 아이가 되었다.

lo. 조디

마크처럼 조디도 곧바로 자발적인 치유적 놀이healing play에 들어갔다. 스타일은 더 간단했지만, 이 경우에도 역시 은유가 강하게 작용했다. 나를 처음 만났을 때, 조디는 겨우 3살이었다. 조디는 가장 친한 친구가 공을 주우러 찻길에 뛰어들었다가 차에 치이는 사고를 당했는데, 그 충격으로 내게 왔다. 사고 당시, 주위에 몇 명의 친구들이 있었지만, 조디만이 유일하게 친구의 머리 위로 바퀴가 지나가는 것을 목격했다. 조디는 그때 두 귀로 끔찍한 사고 순간의 소리를 들었다. 사고가 있은 뒤로 조디의 행동이 과민할 정도로 극성스러워지자 조디의 부모님은 아이를 데리고 나를 찾아왔다. 조디는 친구의 죽음을 받아들일 수 없었고, 친구가 다시 와서 자기와 놀 것이라고 말했다.

첫 번째 회기

자유 놀이 형식을 취한 첫 번째 회기에서, 조디는 큰 험티덤티 (땅딸보 인형)를 향해 달려갔다(알다시피 험티덤티는 사람들에게 그다지 인기가 있는 인형이 아니다). 조디는 큰 보폭으로 걷는 가 하면 발을 구르기도 하고 "자, 자" 하는 소리를 내며 인형 을 끌고 와서 의자 위에 앉혔다. 나는 조디가 스스로 주도권을 잡고 있으며, 자기에게 은유적 중요성이 큰 인형을 본능적으 로 골랐음을 깨달았다. 전면적인 치료 회기에 돌입한 것이다. 조디 스스로 탐색하는 과정을 심화시키게 된다면, 나는 단지 놀이에 새로운 요소들을 소개하는 역할만 담당해도 된다. 조 디가 놀이에 열중하는 데 방해가 되지 않도록 협조하면서 보 조를 맞춰 주는 것 이외에 지금으로서는 무언가를 억지로 할 필요가 없다. 조디가 "왕의 말들과 왕의 일행들" — 왕, 여왕, 공주, 낙타 위의 아랍 사람, 보석으로 장식된 말 — 을 일렬로 세우는 옆에서 나는 아기들의 동요를 흥얼거렸다. 의자 위에 있던 험티덤티 인형이 떨어지자 조디가 인형을 다시 의자 위 로 올려 앉힌다.

조디: 그렇지, 험티덤티, 거기 있어야지. [공감적이면서도 단호
　　 한 태도를 보인다.]
(조디는 계속해서 혼잣말을 한다. 그 말들은 전체적으로 앞뒤가 맞지 않는다. 바쁘게 움직이며 인형들을 자기가 원하는 순서대 로 놓는다. 그래도 조디의 움직임은 매우 의젓하다. 디렉터가 거

기에 함께 있다는 것을 인식하지 못하는 양 그렇게 놀이에 몰입해 있다.)

두 번째 회기

조디가 사고 당시의 이야기를 들려주기 시작한다. 험티덤티가 떨어진 것을 보고 내가 놀라 소리치자, 조디가 "만지지 마! 만지지 마! 피를 너무 많이 흘리고 있어!" 하고 외친다.

디렉터: [지금 상황을 극대화시키며, 험티덤티를 옆에서 지켜보고 서 있다. 손에 피가 묻지 않도록 손을 떨며 정신없이] 오… 오… 피를 너무 많이 흘리고 있어!

(디렉터는 실제 삶의 한 부분이 갑자기 놀이 상황에 개입되면서 생기는 아주 중대한 의미를 깨닫는다. 아이의 이중 자아 역할을 하면서, 디렉터는 흡사 실제 경험이 주는 공포를 느낀다. 조디는 그때의 상황 속에서 움직이고 있는 것 같다. 험티덤티는 다시 의자 위에 올려지고 벽에 붙어 있으라고 엄마가 했던 말을 잊지 말라고 주의를 받는다.)

세 번째 회기

회기를 거치는 동안, 조디는 정신적 외상에 대응하는 자신의 모습을 바라보는 데 차츰 발전되어 갔다. 험티덤티가 떨어지자, 조디가 소리친다, "얘들아! 안으로 들어가! 어서, 안으로! 모두들 안으로 들어가!"

(디렉터가 뛰어가 방에 흩어져 있는 인형들을 팔로 한아름 안아 재빨리 벽장 안으로 밀어 넣는다. 조디도 정신없이 동참한다.)
디렉터: 서둘러, 어서! 모두들 안으로 들어가!
조디: 피를 너무 많이 흘렸어! 피를 너무 많이 흘렸어!
디렉터: [몸을 부르르 떨면서 동의한다.] 피를 너무 많이 흘렸어!
(그전처럼 조디는 험티덤티를 벽 앞, 인형이 본래 있던 위치에 되돌려 놓는다.)

네 번째 회기

우리는 앞서 실행한 모든 과정을 재연했고, 조디가 계속해서 주도권을 잡는다. 그러나 웬일인지 오늘은 정신없이 놀기에 바쁘던 조디가, "그를 고칠 수 없어… 상태가 너무 좋지 않아…"라고 말한다.

디렉터: 음… 그를 고칠 수 없다고? 그럼 이제 우린 어떻게 하지?
조디: [담담하게] 그를 묻어야 해.
디렉터: 그럴 수 있겠니?

조디: 네.

디렉터: 어디다 묻어 주지?

조디: 여기.

(조디가 인형을 문 앞 매트 위에 내려놓고 인형 몸에서 몇 센티미터 정도 떨어진 허공에서 손을 바삐 움직여 토닥토닥 두드리며 묻는 시늉을 한다.)

디렉터: 우리 험티덤티에게 작별 인사 할까?

(우리는 행동에 옮긴다. 디렉터는 이 장면에서 연출되는 따뜻한 마음 자세를 극대화하도록 돕는다. 아이의 단순한 몸짓과 언어는 계속된다.)

디렉터: 자, 우리, 해님이 되어서 험티덤티에게 햇살을 비춰 주자.

(우리는 그렇게 한다. 그리고 조디는 불쑥 이 게임을 끝낸다. 그러고는 아무렇지도 않게 죽은 친구에 대한 이야기를 꺼낸다. 다음날 부모님께 친구의 무덤에 데려가 달라고 한다.)

그 일이 있은 후, 조디의 과잉 행동은 줄었고, 죽은 친구 이야기를 할 때에도 친구가 이제 다시는 돌아올 수 없다는 사실을 분명히 알고 있음을 보여 주었다. 조디의 부모는 내게 조디가 더 이상의 치료는 필요 없을 것 같다고 말했다.

"조디가 정말 스스로를 잘 치료했어요. 이젠 다른 아이들과 어떤 식의 '사고 놀이accident game'를 해도 아무렇지 않아해요. 이제 조디는 죽은 친구 메이건이 돌아오지 않을 것이라는 걸 알아요. 우리 딸아이가 이젠 나았어요."

사진: Linda Gallus

11. 제이슨

15살 된 '남자' 아이들이 대개 그렇듯이, 제이슨도 언어로 문제를 해결하는 기술이 능숙한 것은 아니었다. 제이슨은 가족 보호 시설family group home에서 살고 있었는데, 최근 시설에서 이탈했다가 돌아왔다는 보고가 있었다. 물론 그는 시설에 들어오기 전에도 집에서 가출한 경험이 있었다. 이탈 사건이 있기 전, 나는 몇 달간 지속된 제이슨과의 만남에서 그의 자존감을 세워 주기 위해 노력했다. 그 과정에서 친구를 사귀는 데 방해가 되는 제이슨만의 버릇을 고쳐 주고, 더불어 자신의 장점을 스스로 찾아 발전시킬 수 있도록 도와주었다. 그러자 제이슨은 정말 눈에 띌 만큼 좋아졌고, 그 아이의 삶이 보다 더 발전할 수 있을 것 같았다. 그런데 가족 보호 시설에서 이탈했다는 소식에 나는 놀라지 않을 수 없었다.

나는 첫 번째 회기의 초점을 제이슨의 마음 안에 어떠한 일들이 벌어지고 있기에 가출을 하는지 이해하는 데 맞추기로 했다. 이를 위해 사이코드라마의 "사회 조사social investigation"를 활용했다. 사회 조사는 사이코드라마를 연출할 때 드라마로 실행해야 하는 결정적인 순간인데도 아직 주인공의 내면에서 무슨 일이 일어나고 있는지 확실하지 않을 때 실시한다. 사회 조사는 질의응답식으로 이루어질 수도 있고, 장면 구성scene setting에 의해 이루어질 수도 있다. (제이슨 가출 사건의 사회 조사를 위해서 질의응답식의 방법은 적절해 보이지 않았다. 왜냐하면, 십대들이 대개 그렇듯이, 아직 동기화가 잘 되지 않아 관심 없는 질문들에 대해서는 제이슨도 "네," "아니오," "모르겠는데요," 식의 대답만 할 것 같았기 때문이다.)

제이슨 가출 사건의 사회 조사는 장면 구성법을 택했고, 그 도구로 손 인형을 사용하기로 하였다. 조사를 하는 동안 제이슨의 내면에 있는 삶의 역할들을 파악해 볼 수 있었는데, 그 역할들에는 사교적인 사람, 잘난 척하는 허풍쟁이, 거짓말쟁이, 겁쟁이, 정처 없이 떠도는 희생자 등이 있었다. 나는 그 역할들을 밖으로 이끌어내어 제이슨이 볼 수 있게 했다. 그중에서도 희생자로서의 역할이 문제의 핵심에 가장 가까워 보였다. 먼저 제이슨이 갖고 있는 희생자로서의 행동 양식을 가시화할 수 있도록 그림으로 그려 보게 하고, 다음 단계로는 그림을 통해 드러난 생각들을 구체화하기 위해 작고 약해 보이는 원숭이 인형(잡아당기면 빠질 듯한 약한 목을 가진 손 인형)을 사용하여 작업을 했다. 이 회기는 제이슨을 잘 이해하기 위한 나의 바람에서 시작되었고, 그가 보여 준 장면을 통해 그 문제를 탐색할 수 있었다.

(제이슨이 평상시처럼 관심 없다는 듯한 자세로 앉아 있다.)

디렉터: 그동안 어떻게 지냈어?

제이슨: 잘요.

디렉터: 지내는 건 어때?

제이슨: 좋아요.

디렉터: 론다(가족 보호 시설의 사감)의 얘기론 별로 그런 것 같
지 않던데. 네가 가출했었다고 말해 주더라.

제이슨: 네.

디렉터: 좀 놀랐다. 잘 지내는 줄 알고 있었는데 말이야.

제이슨: [표정 없이 멍한 얼굴로 앉아 고개를 끄덕이며] CSV
(Community Service Volunteers, 사회봉사 자원봉사자 단체) 사람
들이 다음에 가출하면 호스텔에서 하루 재워 주겠대요.

디렉터: 뭐, 다음번에 또? 그러니까 가출하는 것이 뭐 큰 문젯
거리가 아니라는 것 같구나. 너나 그 사람들은 그걸 당연
한 것으로 여기고 있어! 하지만, 나는 아니야!

(제이슨이 약간 놀란 듯한 표정을 지으며 이 종잡을 수 없는 디
렉터가 무슨 말을 할지 기다리고 있다.)

디렉터: 가출할 때 네 마음속에서 무슨 일이 일어났는지 살펴
보자. 너한테 그게 어떤 건지 나는 솔직히 잘 모르겠어. 내
생각이 맞을 수도 있고 틀릴 수도 있겠지만… 네게 가출
이 어떨 땐 신이 날 것 같기도 하고, 또 어떨 땐 분명히 겁
나는 일일 수도 있다고 생각해. 그리고 혹시 화가 나서 그

러는가 싶기도 하고, 슬프거나 우울해서 그러는가 싶기도
해. 정말 궁금하다. 그게 정확히 어떤 건지 보여 주겠니?
그림처럼 장면을 만드는 거야. 얘기를 좀 듣자. 맨 처음 어
떻게 시작된 거야?

제이슨: 마이크가 자기는 가출할 거라면서 나도 같이 가자고
　　　했어요.

디렉터: 그래. 그럼 마이크가 될 인형과 네가 될 인형을 골라
　　　보렴.

(제이슨이 인형을 고른다.)

디렉터: 너하고 마이크는 지금 어디에 있지?

제이슨: 열차 안이요.

디렉터: 열차도 만들고… 제이슨하고 마이크를 열차 안에.

(제이슨이 그렇게 한다.)

디렉터: 지금 이 얘기에 또 누구 다른 사람 있니?

제이슨: 우리 뒤에 남자가 한 명 앉아 있어요.

디렉터: 그 사람도 여기 앉히고… 또 누구 다른 사람 있니?

제이슨: 아니요.

디렉터: 네가 미처 생각하지 못하는 사람들이 또 있는 것 같은
　　　데. 그때도 그 사람들 생각은 안 했겠구나.

(제이슨은 어리둥절한 표정을 짓는다.)

디렉터: 걱정하고 있을 어른들은 없니?

(제이슨이 관심을 보인다.)

디렉터: 누구 생각나는 사람 있니?

제이슨: [고개를 끄덕이며] 마이크 엄마랑, 누나요.

디렉터: 어디 있지?

제이슨: 집에요.

디렉터: 그럼 그 둘을 여기 두고… [엄마와 누나 인형을 보며] 아무래도 계속 걱정이 되시겠어요. 여기 이 아이들은 그 당시에 두 분 생각은 별로 안 하고 있었던 모양이에요. [제이슨에게] 또 다른 사람 있니?

제이슨: [고개를 저으며] 아니요.

디렉터: 그럼 이번엔 론다랑 조의 역할을 할 인형을 골라 보렴.

(제이슨이 "이런 론다랑 조를 깜빡 했네" 하는 표정을 지으며 몇 개의 손 인형을 더 고른다.)

디렉터: 자, 너희는 여기로 와야 해. 시야에서 보이지 않게. [디렉터는 마이크와 제이슨 인형을 벽장 안 보이지 않는 곳에 둔다. 그리고 다른 인형들에게] 제이슨은 당신들 생각을 별로 하지 않았네요. 가출할 때에도 머릿속에는 자신에 대한 생각들로만 가득한 걸요. [제이슨에게] 이 인형들을 열차 안에 도로 갖다 놓으렴. 자, 이제 너희들에게 무슨 일이 일어나고 있지? 그쪽으로 가서 제이슨 역할을 하렴.

(제이슨이 손 인형을 들고 그 역할을 한다.)

디렉터: 무슨 일이 있었지?

제이슨: 우린 웃고 얘기하면서 담배 피우고 있어요.

디렉터: 무슨 얘길 하는데?

제이슨: 어느 역에서 내릴지, 어디로 갈지. 무료 배급 받을 수 있는 데랑 잠잘 데, 뭐 그런 얘길 하고 있어요.

디렉터: 어디로 가기로 했어?

제이슨: 우리도 몰라요. 그냥 어떻게 되는지 가보는 거예요.

디렉터: 그러니까, 얘기하면서 웃고 있다, 뭐라도 된 것처럼 담배를 피우고 있는 중이다… 겉으로 보기엔 기분이 최고겠군…. 마음속 기분도 그런가?

(제이슨이 잠시 생각한다.)

제이슨: 좀 겁이 나요. 어떤 일이 생길지 모르고, 결국은 문제가 생기게 될 테니까.

디렉터: 그렇지만 지금 같아선 아무도 그렇게 보지 않을 거다. 이렇게 열차 안에서 친구랑 신나게 얘기하고 웃고, 담배 피우면서 놀고 있는데… 얘기 계속해 봐. 그 다음엔 어떻게 되지?

제이슨: [다른 인형을 가리키며] 이 사람이 우리 쪽을 보고 있어요. 그러곤 우리한테 말을 걸어와요.

디렉터: 뭐라고 얘기하지?

제이슨: 그냥 우리에게 와서 같이 얘기해요. 좋아하는 음악 얘기도 하고… 얘기하다가 우리가 가출했다는 걸 알고는 자기 집에 같이 가도 좋다는 말을 해요.

디렉터: 그래서 그러기로 했어?

(제이슨이 고개를 끄덕인다.)

디렉터: 상황을 만들어 보자.

(제이슨은 열차에서 손 인형을 꺼낸다. 모퉁이를 만들어 집을 표시한다.)

디렉터: 이 집에 누구 다른 사람은 없니?

제이슨: 있어요. 그의 어머니.

디렉터: 그 어머니 역할 할 인형 고르고, 그런 다음 어떻게 됐
　　　는지 보여 줄래?

제이슨: 음식을 차려 주시면서 자고 가도 좋다고 말씀하시네
　　　요. [제이슨이 실제로 연기로 표현한다.]

디렉터: 흠… 모험 한 번 대단하다… 사람들이 죄다 너희를 돌
　　　봐 주니 말이야. 그래서 모르는 사람 집에서 하룻밤 묵어
　　　가기로 했구나. 지금까지로 봐선 가출한 게 결과적으로 나
　　　쁠 것이 없어 보이는데.

(제이슨도 고개를 끄덕인다.)

디렉터: 잠은 잘 잤어?

(제이슨이 역시 고개를 끄덕인다.)

디렉터: 다음날 아침이 되고… 그 다음엔?

제이슨: 아주머니께서 아침을 차려 주셨어요. 그런 다음 경찰
　　　을 불러서 우릴 집에 데려가게 했고요.

디렉터: 어떻게 보면 이 두 번째 일(가출)이 너한텐 어떤 행운
　　　이었던 것 같다.

(제이슨이 의아하다는 듯한 표정을 짓는다.)

디렉터: 다시 한 번 위기를 모면했잖니. 열차 안에서 만난 이
　　　젊은 남자가, 아이들을 좋아하는 자신의 어머니 집으로 너
　　　를 데려다 주었으니 말이야…. 만약 그가 나쁜 사람이었다
　　　면, 지금쯤 넌 큰 봉변을 당했을지도 모르는 일인데. 이런
　　　위험에 대하여 우리가 전에 얘기한 적이 있지. 네가 지난
　　　번 처음 가출했을 때…

(제이슨이 고개를 끄덕인다.)

디렉터: 어쨌든, 지금 넌 여기 있잖니. 다행히 안전하고 따뜻한 곳에서 편안히 잘 먹고, 좋은 사람들을 만났고. 그래서 그 친절한 아주머니가 친히 경찰을 불러서 너를 안전하게 다시 데려왔고… 우리 경찰 역할을 할 인형을 골라볼까?

(제이슨이 패딩턴 곰 인형을 고른다.)

디렉터: 그래, 좋다. 진짜 인상적인 제복을 입고 있네. [제이슨에게] 네가 이 장면을 연출하는 내내 드는 생각이 있는데 말이다. 나한텐 다른 게 보여. 이 얘기 밑에 있는 다른 무언가… 여기로 나와 봐. [디렉터가 힘없이 축 늘어진 원숭이 인형을 향해 말한다.] 내가 보고 있는 걸 제이슨도 볼 수 있게 네가 좀 도와줘야겠다. [디렉터는 목에 수갑을 채워 인형을 이리저리 흔든다. 인형은 무기력하게 매달려 디렉터가 움직이는 대로 끌려 다닌다.] 이게 제이슨이야. "희생자" 역할을 하는 제이슨. 내가 "희생자"라고 말하는 뜻 알겠니?

(제이슨이 고개를 젓는다.)

디렉터: 대개 희생자 유형의 사람들은 다른 사람들한테 결정권을 맡긴 채 자신은 그냥 되는 대로 인생을 살아가는 사람들이지. 좋을 땐 그냥 좋은 대로 살아. 하지만 상황이 나빠지면 어떻게 그 상황 밖으로 나와야 할지 몰라. 바다 위에 떠다니는 것처럼 말이야. 그러다가 물결에 휩쓸려 바위에 부딪힐 수도 있고, 부드러운 모래사장으로 떠밀려 올라오기도 하지.

(디렉터가 인형을 들어 바다에 떠다니는 것처럼 움직인다.)

이번 가출 건에서도 그런 모습이 보여. 마이크가 "나 가출할 건데, 너도 같이 갈래?"라고 할 때, 넌 따라간 거지. 이번에 만난 젊은 남자가 네가 어울리는 부랑아 애들처럼 역 근처를 어슬렁거리는 사람일 수도 있었지. 그런 악한을 만나면 성폭행을 당할 수 있고… 물론 이번 일은 마치 부드러운 모래사장으로 떠밀려 온 인형처럼 "구원자"들을 만나는 것으로 끝나서 다행이야. 네 주변에는 항상 너 대신 의사 결정을 해 주는 사람들이 있어. 희생자란 이처럼 늘 누군가에 의해 자기의 삶을 고통 받게 하거나 아니면 구제 받도록 내버려 두는 사람들이지. 그들은 자기 삶이 어떻게 진행되어야 하는지 아무 말도 하지 않아.

(제이슨은 마침내 작은 원숭이 인형이 힘없이 매달려 이리저리 왔다 갔다 하는 모습을 유심히 바라본다. 자기 모습을 여실히 닮은 그 무엇을 접한 표정이다. 자기 모습을 못마땅한 듯 쳐다본다.)

디렉터: 내가 지금 만든 이 장면에는 뭔가 문제가 있어. 절반에 불과해, 네 성격의 한 면만을 보여 주고 있을 뿐이야. 기억하니? 우리는 너의 강한 면에 대해서 지난 몇 달간 이따금씩 얘기를 나누었지. 그 덕분에 너는 실제로 많이 성장했고 착실해지기도 했어. 이젠 사람들하고 얘기할 때 상대방 눈도 잘 쳐다보게 되었고, 새 친구들도 사귈 줄 알게 되었고, 삶이 힘들 때마다 쌓아 온 너를 감추던 벽들도 그 빗장을 열어 개방하고 네 자신을 보일 줄도 알게 되었잖니? 이게 바로 강해진 네 모습이야. 그런 제이슨을 보여 주

는 인형을 하나 고르렴.

(제이슨이 왕 복장을 한 다채로운 색깔의 사자 인형을 고른다.)

디렉터: 아주 좋은 선택이다! [사자를 향해] 좋아, 너라면 제이 슨의 강한 면을 제대로 보여 줄 수 있을 거야. 난 네 왕관이 마음에 든다. 넌 왕이야. 넌 삶에 이리저리 휩쓸려 다니는 그런 존재가 아니야. 이쪽으로 오렴, 너희 둘 다. 그리고 경찰에 의해 구출되는 제이슨 곁에 있어 주렴. [디렉터는 제이슨과 제이슨이 고른 인형을 전에 제이슨이 자기를 나타내는 인형이라고 했던 손 인형이 있는 쪽으로 데려온다. 제이슨에게] 됐어⋯ 경찰이 너희들을 데려오고, 마이크는 엄마랑 누나가 있는 집으로 돌아가고. [디렉터는 마이크와 마이크 엄마와 누나를 나타내는 인형들을 한데 모은다. 제이슨에게] 그리고 제이슨, 너는 론다와 조에게로 가는 거야. 이 방에서는 모든 걸 실제 일어났던 대로 재연할 필요가 없어. 이 장면을 만드는 동안 네 얼굴을 보니까 여러 가지 생각이 교차하는 것 같던데. 이제 생각의 방식이 새롭게 바뀐 제이슨이 론다와 조에게 할 말이 있을까?

제이슨: [잠시 생각하다가] 걱정했다니 미안해요. 깜빡 했어요.

디렉터: 론다와 조가 분명 고마워할 거야. 네가 그렇게 말하는 걸 들으니 좋구나. 마치기 전에 얘기하고 싶은 사람이 또 있니?

제이슨: [손 인형들을 찾는다. 작은 원숭이 인형을 집더니 냅다 집어 던진다.] 난 네가 싫어. 희생자는 되기 싫어!

디렉터: [원숭이 인형을 부드럽게 들어 올린다.] 그게 그렇게 쉽

지가 않구나. 개가 거기 있는 건 네 삶에서 정말 가슴 아픈 일이 있었기 때문이지. 지금까진 일이 잘못되어도 달리 어떻게 대처해야 할지를 몰랐지만, 이제 너는 배워 가고 있어. 하루하루 너에게 있는 강한 면들을. [디렉터가 사자를 옮겨 원숭이를 들게 한다. 사자를 향해] 이 녀석을 잘 돌봐 주길 바란다, 그래 줄 거지? 얘가 옛날로 돌아가고 싶다는 생각에 사로잡힐 때마다, 네가 애를 잘 붙들어 줘야 한다. [제이슨에게] 이제 마칠 시간이야. 오늘 네 역할을 하면서 행복한 결말을 만들어 준 이 손 인형들을 제자리에 갖다 놓자.

(제이슨이 인형들을 한데 모아 벽장으로 가져간다. 사자를 정중앙에 놓고는 인형들을 생각에 잠긴 채 바라본다.)

디렉터: [흐뭇해하며 고개를 끄덕인다] 잘했어, 오늘 이 인형들이 제 역할을 아주 잘해 주었어. 내일이 되면 다른 애들이 와서 이 인형들과 함께 또 다른 얘기를 하게 될 거야.

제이슨은 이때 얻은 통찰을 바탕으로 매우 강한 의사 결정 능력을 보이며 나를 놀라게 했다. 몇 주 뒤 갖게 된 다음 회기에서, 제이슨은 헤어져 있는 가족들을 만나 하루를 보내고 싶다는 얘기를 꺼냈다. 그리고 그 다음번에는 친척들도 다 같이 모이는 모임을 만들고 싶다고 했다. 더욱 놀라운 것은, 학교에서 요구하는 "근로 경험" 프로그램에 참여할 때, 자기는 꼭 자기 아버지의 일터에서 그것도 아버지 밑에 배치 받아 일하고 싶다고 한 것이었다. 물론 제이슨이 바라던 대로 모든 일이 다 이루어지지는 않았다. 하지만, 다음 회기 때 제이슨은 이제 이런 실망감까지도 아주 능숙하게 다루는 모습을 보여 주었다. 마지막 회기에서 현재의 자기 모습을 나타내는 조각상을 만들었다. 조각상의 꼭대기에는 왕과 같이 늠름한 사자 인형을 올려놓았다. 이 조각상에서 제이슨은 가족에게 외면당했지만 그렇다고 그것 때문에 인생을 허우적거리며 사는 수동적 인간의 모습이 아니라 새롭게 발견한 늠름한 자기 자신의 능력을 표현하였으며, 조각상의 나머지 부분들도 그의 긍정적이고 행복한 부분을 보여 주었다. 이 모든 것은 제이슨이 그토록 갖기 원했던 삶의 영역들이었다. 제이슨은 "이 사자처럼 잘 지내려고 해요"라고 말했다.

치료사는 짧은 기간 동안만 내담자의 삶의 일부가 될 수 있다. 물론 인맥으로 연결된 사이라면 계속 그 자리에 남을 수도 있지만, 대부분 내담자의 삶과 거리를 유지하고, 들려오는 소식을 통해서만 내담자의 삶을 짐작할 뿐이다. 치료사는 이처럼 지금까지 있었던 치료 과정에서 완전히 떠나야 한다. 그렇게 함으로써 이제는 다른 누군가가 치유를 위해 개입할 수 있도록 기회를 주어야 한다. 그럼에도 불구하고 제이슨이 내 기억 속에 계속 남아 있는 이유는 그때 이후로 그가 어떻게 삶을 영위할 수 있었을까 하는 의구심 때문이었다. 제이슨을 담당했던 아동 보호 기관은 16세 이상 되는 아이들을 더 이상 수용하지 않기로 결정했다. 이 기관이 그런 결정을 내린 것은 호주에서 1989년에 개정된 아동 및 미성년 법령Children and Young

Person Act이 가져온 큰 변화 때문이었다. 이 법령은 보호 시설에 있는 청소년들이 16세가 되면 독립하여 사는 것이 타당하다고 하여 시설에서 독립하여 살도록 권장하였다.

이 새로운 법령은 1989년부터 1993년에 걸쳐 점진적으로 시행되었고, 법정 기관이나 자원 시설들도 청소년들을 필요 이상으로 묶어 두지 않도록 하는 이 방식을 적용해 나갔다. 따라서 이런 방침에 따라, 제이슨 역시 독립적인 삶을 찾아 또래의 다른 아이들처럼 밖으로 나와 살기 시작했다. 하지만 1993년에 이르러, 포가티(Fogarty 1993: 33)를 비롯한 여러 학자들은 정부의 이런 시책이 청소년들을 돌봐야 할 책임을 저버리는 행위라고 비난했다. 또한 법령을 공표하기 전에 이 새 법령으로 인해 초래될 실질적인 변화의 측면들을 예측하지 못했음을 지적했다. 그래서 이 법령은 재논의 과정을 거치게 되었고, 새로운 형태로 발전하게 되었다. 그렇지만 제이슨은 바로 이러한 과도기적 변화의 소용돌이 속에서 독립적인 삶을 선택해야만 했다.

제이슨의 삶에 대해 좀 더 상세하게 기술하고 싶지만, 사생활 보호 차원에서 여기서는 생략하기로 한다. 이 책에 제이슨의 사례를 싣는 것과 관련하여 몇 가지 의논할 것이 있어 연락을 취해 보려 했으나, 16세 이후의 제이슨의 자료는 거의 찾기가 힘들었다. 제이슨이 독립하여 세상과 부대끼며 자기의 삶을 잘 꾸려가고 있기를 바란다. 그래도 한 가지 다행스럽게 생각하는 것은, 어릴 적부터 커다란 역경에 처했던 제이슨이 열악한 보호망 속에서도 자신의 존재를 지켜왔다는 사실과,

비록 두 차례에 걸친 가출과 어려움으로 갈등을 겪었지만 사이코드라마의 경험을 바탕으로 자신의 잠재력을 찾았기에 그 이후로도 그 능력을 계속 유지했을 것이라고 믿는다. 그가 이런 치유의 경험을 바탕으로 자신의 삶에 도움이 되는 아주 작은 기회라도 결코 소홀히 하지 않고 활용하여 건강한 삶을 계속 유지하고 있기를 바랄 뿐이다.

12. 메리 케이트

메리 케이트는 3살부터 8살까지 5년간 할아버지에게 심한 성적 학대를 받은 아이였다. 그녀의 할머니를 보러 간 어느 날 메리 케이트의 엄마는 이 사실을 알게 되었다. 메리 케이트는 엄마가 방에 들어갔을 때 할아버지와 함께 휴게실에 있었다. 엄마가 휴게실로 돌아왔을 때 함께 있던 개의 이상한 동태에 낌새를 챈 엄마는 아버지에게 어떻게 된 건지 추궁했다(그녀의 아버지는 어린 딸을 학대한 적이 있었으며, 나중에 알게 된 일이지만 다른 가족들도 아버지에게 학대를 받은 경험이 있었다). 이 사건이 있은 후, 메리 케이트네 가속은 "코벤트리"로 이사를 갔다. 사건이 밝혀진 직후 치료사인 샌드라가 메리 케이트를 담당해 왔지만, 그녀가 다른 곳으로 가면서 치료가 중단된 상태였다.

　메리 케이트를 만난 두 번째 회기 끝부분에, 메리 케이트의 엄마는 내게 인형들 중 하나가 유독 메리 케이트의 할머니를 닮았다고 말했다. 내가 메리 케이트에게 할머니가 있냐고 묻자, 메리 케이트의 얼굴에 어두운 그림자가 스쳤다. 동의를 구하는 표정으로 엄마를 쳐다보더니, 메리 케이트는 "할머니는 죽었어요"라고 말했다. 나는 이 내용을 바로 다루지 않고 다음 회기 때 다루기로 했다.

첫 번째 회기

오늘 나는 메리 케이트와 포기abandonment라는 주제를 다루는데, 본인이 아닌 다른 사람이 그녀를 이끌어 가게 하는 좀 색다른 방법을 택해 볼 참이다. 메리 케이트는 나를 심하게 경계한다. 그래서 나는 아주 제한된 시간 동안만 이 아이와 만나도록 허락받았다. 나는 아이가 높이 세워 놓은 거부의 벽을 두드려 보는 모험을 감행하려고 한다. 아이가 나를 그 안으로 들여보내 준다면, 나는 기꺼이 아이가 안내하는 곳으로 함께 가 볼 생각이다.

언제나처럼 메리 케이트가 인형을 가지고 탐색 놀이exploratory play를 시작한다. 아이의 엄마가 자리를 비우기 전, 내가 먼저 시작한다.

디렉터: 메리 케이트, 나는 요즘 네 생각을 많이 했단다. 지난 번 왔을 때 네가 마음이 상한 게 보였거든. 할머니가 돌아

가셨다고 말했지. 나도 할머니를 알고 있어. 메리 케이트 엄마한테 들었지. 그런데 그때 네 눈을 보니 네가 몹시 마음이 상했다는 걸 읽을 수 있겠더라고. 언젠가 나도 아주 큰 일을 당해 마음이 너무 아파서 죽었으면 좋겠다고 생각한 적이 있었단다. 나를 그렇게 아껴 주던 많은 사람들이 다 나를 모르는 체하는 거야. 이 모든 괴로움이 한 순간 연기처럼 사라져 버렸으면 하는 바람이 컸단다. 하지만 더 강해져야 한다는 생각 때문에, 겉으로는 아무렇지 않은 것처럼 굴었어. 그런데도 자꾸만 그런 생각이 나서 견딜 수가 없는 거야. 그래서 누군가 나와 같은 문제를 겪고 있는 사람을 만나 봐야겠다고 결심했어. 내 문제를 바로 볼 수 있도록 도와주고, 또 내가 무엇을 어떻게 해야 할지 가르쳐 줄 수 있는 사람, 그런 사람을 찾았지. 지금 이 얘기를 너한테 하면서도 난 네 눈을 보고 있어. 참 따뜻하고 부드러운 갈색 눈이네. 지금 네 눈빛, 이제 네가 나를 조금 이해하고 있다고 말하고 있는 것 같구나. 여기 작은 강아지 보이니?

(디렉터는 메리 케이트에게 작고 보드라운 갈색 인형을 건넨다. 인형은 축 늘어진 귀를 갖고 있는데, 눈이 보이지 않는다. 메리 케이트가 관심을 가지고 인형을 관찰한다.)

내가 만났던 한 여자애가 나한테 준 거야. 그 애는 이 인형이 다른 아이한테 도움이 될 거라고 생각했나봐. 여기 잘 봐라, 눈이 없지? 내가 그 여자애를 처음 만났을 때 그 아이도 꼭 너 같았어.

(디렉터는 메리 케이트가 억지로 밝게 웃는 척하면서 뭔가 감추
려는 기색을 보일 때 그 마음을 읽고 반응한다.)

그 애는 자기 문제와 부딪치기를 두려워했어. 계속 문제를
외면하기만 했지. 하지만 놀이를 하고 조금씩 얘기를 해
나가면서, 그 애는 자기가 외면해 왔던 문제들을 더 잘 이
해할 수 있게 되었어. 너도 알잖아, 너처럼 성적 학대를 받
은 적이 있는 아이들이 많다는 걸. 그런데 그런 아이의 집
에선 대개 아이가 아무리 사실을 말하려 해도 도와주지
않는 편이지. 난 그게 이해가 안 돼. 그리고 화가 나. 왜 그
러는지 궁금하기도 하고.

메리 케이트: 샌드라 선생님은 가족들이 편이 나뉘어 갈라지
게 돼서 그렇다고 하셨어요.

디렉터: 그래, 그것도 이유 중 하나이긴 하지. 하지만 어른들
마저도 이런 문제를 바로 대하기를 어려워한단다. 그 사람
들도 어른이 아이한테 하는 성적인 행동이 아주 나쁜 행
동임을 알고 있지. 만일 어린 아이 두 명이 성적인 행동,
이를테면 서로 신체 부위를 보거나 만지는 것 같은 행동
들을 했다면, 호기심에서 그런 것으로 생각하고 심각하게
여기지 않지. 하지만 다 큰 어른이 그런 짓을 할 땐, 그것
이 명백히 잘못된 것임을 누구나 인정하지. 어른들은 아이
들이 아직 모르는 것을 알 만큼 알고 있고, 또 어른 몸은
아이 몸보다 크잖아. 또 이런 일이 생기면 아이의 마음은
상처를 입고 엉망이 되어 버린다는 사실을 알고 있기 때
문에 정말 나쁜 짓이라고 생각하지. 그런데 어른들은 자기

가 아는 누군가가 이런 일을 저질렀다는 사실을 인정하려 들지 않는단다. 자기가 잘 아는 사람이 어린 아이에게 그런 못된 짓을 해서 상처를 입혔다는 걸, 불쌍한 아이를 혼란에 빠뜨려서 그 일을 비밀로 묻어 둔 채 살도록 만들었다는 걸 생각하고 싶지 않은 거야. 아예 그 문제를 보려고도 하지 않지.

(디렉터가 강아지의 길게 늘어진 귀로 강아지의 눈 부분을 가린다.)

그리고 그런 나쁜 어른들은 자기가 상처를 준 아이를 더 이상 보지 않는 방법으로 그 일들을 잊어버린단다.

(메리 케이트가 디렉터의 말을 심각하게 듣더니, 디렉터를 골똘히 바라본다. 잠시 침묵이 흐르고, 메리 케이트가 긴 한숨을 쉬며 작고 느린 동작으로 고개를 끄덕인다.)

회기가 이어지자, 메리 케이트는 차츰 더 자신감을 갖고 개방적으로 되어 간다. 이제 메리 케이트는 타고난 이야기꾼으로서의 재능을 보인다. 디렉터는 메리 케이트를 따라가면서 메리 케이트의 상황과 유사한 예를 들어 줄 필요가 있을 때에만 이야기를 거들어 준다. 메리 케이트가 현실과 이야기(상상) 사이를 오가며 이야기를 만들어 가고, 디렉터도 메리 케이트의 이야기를 따라간다. 치료를 위한 스토리텔링의 전형적인 형태는 아니지만, 메리 케이트는 이 방법을 통해 자연스럽게 자기 이야기를 나눈다.

디렉터: 엄마가 가시고 나면 이 강아지 이야기를 같이 만들어
　　보자. 네 이야기와 약간 비슷하게 만들기는 하겠지만, 언
　　제라도 네가 원하는 부분에선 이야기를 다르게 만들어도
　　돼. 어떤 이야기가 나오는지 한 번 봐야겠는걸.

(메리 케이트는 자연스럽게 이 상황에 젖이 들고, 이때 메리 케
이트의 엄마는 자리를 비운다.)

메리 케이트: 옛날 옛적에 미니라고 불리는 작은 강아지가 한
　　마리 살고 있었어요.

(메리 케이트가 여기서 이야기를 잠시 중단한다. 그러자 디렉
터는 메리 케이트가 미니의 문제를 잘 끄집어 낼 수 있도록 도
와준다. 그들은 마침내 "미니 믹"(사악한 믹)이라고 불리는 아
주 괴상하게 생긴 원숭이가 미니의 발톱을 뽑으려 한다고 문제
상황을 설정한다.)

디렉터: 미니는 자기의 다친 발톱을 보이지 않으려고 했기 때
　　문에, 아무도 무슨 일이 생겼는지 몰랐어요. [이번에는 메
　　리 케이트에게] 이 얘기에 할머니 같은 사람을 한 명 등장
　　시킬 수 있을지 한 번 볼까?

메리 케이트: 어느 날이었어요. 미니는 친구에게 이 사실을 알
　　리려고 했어요.

(메리 케이트는 원하지 않는 웃음을 억지로 짓는 듯한 모습을
보이면서, 머리나 옷매무새가 아주 깔끔하고 단정해 보이는 분
홍색 인형을 하나 고른다.)

디렉터: 이름이 뭐지?

메리 케이트: 폴리아나예요.

디렉터: [웃으면서] 딱 맞는 이름이구나. 이야기책에 나오는 폴
리아나에 대해 알고 있니?

(메리 케이트가 고개를 젓는다.)

디렉터: 폴리아나는 문제가 생길 때마다 문제에서 한 발짝 떨
어져서 "나는 행복해"라고 하는 게 최선의 방책이라고 생
각하는 소녀였지. 문제가 생겼을 때 그 문제를 긍정적으로
보는 것도 좋겠지만, 그게 너무 지나치면 정작 문제를 보
지 못한 채 그냥 지나쳐 버리는 결과를 낳게 되거든. 할머
니 역시 그 당시 폴리아나같이 되고 싶어 했다는 생각이
드는구나.

(메리 케이트가 미소를 지으며 이야기를 계속한다. 메리 케이트
는 이와 같이 서로 협동해서 만든 이야기 작업을 아주 잘하고 있
다.)

메리 케이트: "제발 제 얘기 좀 들어주세요"라고 미니가 말했
어요.

디렉터: 그렇지만 폴리아나는 알려고 하지 않았어요. 도망가
서 풍차 뒤에 숨어 버렸어요.

(이 대목에서 메리 케이트가 슬픈 표정을 지으며 난처한 듯 잠시
동안 이야기를 잇지 못한다. 디렉터가 나서면서 메리 케이트가
스스로 지혜를 짜낼 수 있도록 도와줄 새를 이야기 속에 등장시
킨다.)

디렉터: 그때 팅커벨이 이 일을 보게 되었어요. 미니가 어찌할
바를 몰라 하는 것을 본 팅커벨은 현명한 올빼미 아저씨
를 데리러 얼른 날아갔어요.

(메리 케이트가 디렉터를 도와 높은 나무 위에서 낮잠을 자고 있는 현명한 올빼미를 만든다. 현명한 올빼미는 팅커벨과 함께 날아올라 폴리아나가 숨어 있는 곳으로 돌아온다.)

디렉터: 올빼미 아저씨는 요술 지팡이를 폴리아나의 비밀 장소인 지혜가 담겨 있는 심장에 갖다 대었어요. 팅커벨이 폴리아나에게 풍차 뒤에 숨어 있지 말고 나오라고 계속 용기를 주었어요. "세상엔 좋은 일도 있고 나쁜 일도 있단다." 팅커벨이 말했어요. "봐도 괜찮아. 상처받지 않을 거야."

메리 케이트: [폴리아나가 되어] 괜찮아… 그렇지만 뭔가 나쁜 일이 있으면 나는 곧바로 뒤로 물러서게 돼.

디렉터: 그래서 팅커벨과 미니가 폴리아나에게 믹이 한 일을 말해 주었어요.

메리 케이트: 그리고 말했어요.

디렉터: 그래, 그게 중요해.

(메리 케이트는 잠시 이야기 진행자로서의 역할에서 물러난다. 메리 케이트는 현실로 돌아와 디렉터에게 자신의 실제 삶의 중요한 부분을 상기시켜 준다. 디렉터도 잠시 메리 케이트와 함께 현실로 돌아와 "할아버지가 뭐라고 했니?"라고 물어본다.)

메리 케이트: '아무도 너를 믿으려 하지 않을 거다. 아마 널 비웃을 걸. 그들은 내가 너를 해치지 않을 거라고 알고 있으니까' 라고 했어요. 그래서 나는 생각했어요. '뭐라고요? 나를 이미 이렇게 아프게 하고 있으면서!'

(디렉터가 공감을 표현한다.)

디렉터: 그게 널 더 혼란스럽고, 뒤죽박죽이 되게 했겠구나. 그래서… 그 다음 이야기는 어떻게 되지?

메리 케이트: 폴리아나가 얘기를 들어요. 그러고는 곧장 미니 믹에게로 가요. "미니한테 어떻게 한 거야?"라고 폴리아나가 물었어요.

디렉터: [직접 메리 케이트에게] 이 말을 들은 미니 믹의 기분은 어때?

메리 케이트: 재밌어해요. 나와서 말하고 싶어 해요.

디렉터: [극대화하며] 좋아! 아주 좋아, 미니 믹! 나오렴. 어서! 여기로 어서 나와, 미니 믹! 나와서 말해 봐!

(메리 케이트는 에너지가 넘친다. 이제 메리 케이트는 사이코드라마적 놀이를 본격적으로 시작한다.)

메리 케이트: 그래서 미니 믹은 나와서 자기가 어떤 일을 했는지를 폴리아나에게 말했어요. 그리고 미니의 모든 친구들도 이 사실을 알게 되었어요.

디렉터: 친구들을 모으자. 둥그렇게 모여 서게 하는 거야. 모두들 어서! 여기 둥글게 모여 봐. 와서 들어 봐!

(메리 케이트가 분주히 돌아다니며 작은 손 인형들을 모으기 시작한다: 미끌미끌한 펭귄 인형 샘, 쥐 인형, 딸기 케이크, 올빼미 루, 고슴도치)

메리 케이트: 미니 믹은 폴리아나가 미니의 친구들에게 얘기하는 동안 거기 서 있었어요. 미니와 팅커벨은 경찰관에게 갔어요. 경찰관도 얘기를 들었어요.

(메리 케이트는 표범 머리에 경찰 모자를 씌워 의자에 앉힌다. 이야기를 듣는 동안 표범은 간간히 고개를 끄덕인다.)

메리 케이트: 경찰관은 미니 믹을 데리고 경찰서로 갔어요. 그러곤 믹을 감옥에 넣었어요.

(미니 믹을 앉힌 다음 막대에 매달아 직사각형 공간 안에서 움직이는 메리 케이트의 입이 단호하고 다부지다.)

메리 케이트: [승리에 도취되어 디렉터의 지시에 따라 큰 웃음을 지어 보이며 마무리를 짓는다.] 그리고 그들은 열쇠를 멀리 던져 버렸어요.

(메리 케이트가 디렉터와 미소를 주고받는다. 디렉터는 메리 케이트와 함께 승리를 축하한다. 춤을 추며 감옥 주위를 돌면서 함께 "야호!"라고 외친다. 디렉터는 메리 케이트에게 그동안 그녀를 감옥에 가둬 둔 비밀의 열쇠에 대해 이야기한다.)

디렉터: 우리는 지금 놀이와 얘기를 하면서 그 열쇠를 버리는 법을 배우고 있는 거야.

(디렉터는 안도의 빛으로 빛나는 메리 케이트의 얼굴을 본다. 프랑스식 창문 너머로 봄빛이 만연한 정원을 보며 메리 케이트를 부른다.)

디렉터: 이 정원이 꼭 지금 너의 얼굴 같아 보여. 햇살을 받아 반짝거리며 온 세상이 다 신선해지는 바람, 그리고 사방에 만발한 꽃들. 여기에 정원을 만들자.

(스카프가 있는 케이스 쪽으로 가서 스카프를 메리 케이트 앞에 늘어뜨려 예쁜 꽃 침대와 꽃나무 우산을 만든다. 황금빛 스카프를 고른 디렉터와 메리 케이트는 마치 구석구석 어두운 곳

과 은밀한 곳을 비추는 햇살처럼 방 안에서 원을 그리듯 춤을
춘다.)

디렉터: 어서 나오렴! 어서 나와! 메리 케이트가 가진 모든 두
려움, 모든 슬픔들아! 어서 나와 우리가 비추는 빛을 받으
렴.

(메리 케이트의 기쁨을 계속 이어가며, 아주 부드럽고 사랑이
가득 담긴 목소리로 디렉터가 말한다.)

그리고 태양이 내리쬐고, 바람은 사라졌습니다. 메리 케이
트의 마음속에 있는 꽃들은 해님을 향해 봉오리를 열며
환하게 웃는 얼굴을 드러내었습니다. 하나씩, 하나씩, 하
나씩….

축하

메리 케이트의 마지막 회기가 있던 날, 우리는 몇 달간 다룬
모든 주제들을 기념하는 시간을 가졌다.

메리 케이트가 풍차 뒤에서 나오는 법을 배우다
메리 케이트는 자신의 문제를 드러내는 장면을 재연하기로 결
정했다. 이는 "모든 역겨운 일들"을 멈추기 위해 그간 메리 케
이트의 엄마 메를린이 쏟은 노력을 축하하는 시간이 되었다.
우리는 방 안에서 활보하기도 하고 춤추며 노래를 부르기도
했다.

그 모든 일들을 멈춘 엄마를 위해
환호를 세 번 지르고, 다시 한 번 환호를 지르자!
모든 것을 보아 왔고, 이제는 그 모든 일들을 멈춘
메를린을 위해 환호 세 번!

디렉터: 메리 케이트의 엄마를 위해 환호 세 번!! 만세, 만세!

디렉터와 메리 케이트: 야호!

디렉터: 만세, 만세!

디렉터와 메리 케이트: 야호!

디렉터: 만세, 만세!

디렉터와 메리 케이트: [감격에 겨워 목청을 다해] 야호!

(메를린은 이 회기에 함께한다. 메를린은 메리 케이트가 자신을 위해 준비한 감사의 표현들에 감동한다. 지난 10개월간 그녀는 메리 케이트를 지원하는 과정에서 수많은 고통스런 기억들과 맞서야 했다. 그 경험은 너무너무 힘들었다.

우리는 아울러 다른 주제와 관련된 의식들도 시행했는데, 그중 하나는 자유로운 해방감을 불러오는 "분노 의식The Rage" 놀이였다. 회기 초반부, 나는 메리 케이트에게 방 주위에 인상적인 장면을 연출하기 위해 마음에 드는 배열을 만들자고 하였고, 이번 회기의 의미를 느낄 수 있도록 분위기를 조성했다. 마침 쿠션들 중에 빨간 천으로 장식된 큰 쿠션이 하나 있었다.)

디렉터: 자, 다음은?

메리 케이트: "분노 의식" 놀이 해요.

(메리 케이트는 집에서 감정 폭발을 일으켰을 때의 기분을 다

루면서, 디렉터에게 격려 받은 날을 떠올리기라도 한 듯 눈이 반짝였다. 한 번은 메리 케이트가 엄마의 꾸지람 소리 한마디에 자기 방으로 들어가 온갖 장난감과 아끼는 책들을 집어던져 벽에 흠집이 날 정도로 화를 낸 적이 있었다. 그러나 그 주에 치료를 받으러 왔을 때 메리 케이트는 늘 그랬듯이 웃는 얼굴로 아주 좋은 한 주간을 보냈다고 말했다. 그날, 메리 케이트의 화난 기억을 재연해 봄으로써 화를 낸 진짜 이유를 발견할 수 있었다.)

디렉터: [유쾌해 하는 메리 케이트의 기분을 함께 느끼며] 그래, 좋아! "분노 의식" 놀이를 하자.

(디렉터는 메리 케이트의 이중 자아가 되어 빨간 천을 흔들며 방 안을 성큼성큼 걷는다.)

디렉터: 메리 케이트는 지금 화가 나 있다! 메리 케이트는 아주 고귀한 화가 나 있다! 그리고 화를 낼 권리가 있다.

디렉터: [메리 케이트에게] 거기서 일어나, 메리 케이트! [테이블을 가리키며] 그리고 네가 화를 낼 권리가 있는 이유를 온 세상에 말해!

(디렉터는 방 한쪽 끝으로 달려가다, 메리 케이트 쪽으로 얼굴을 돌린다. 테이블 위로 올라가 메리 케이트에게 미소지으며 말한다.)

디렉터: 산과 강들아, 바다와 하늘아, 태양과 달, 그리고 모든 별들아, 새들과 꽃들, 그리고 살아 있는 모든 것들아, 말할지어다. 왜 네가 화를 낼 권리가 있는지!

메리 케이트: [눈앞에 놓인 상황을 만끽하며 힘과 위엄을 가지고

말한다.] 나는 화가 나 있어! 그리고 나는 화를 낼 권리가 있어! 그날은 학교에서 조부모의 날이었으니까. 다른 애들의 할아버지들은 다 왔는데, 우리 할아버지만 안 왔어. 그래서 나는 거기에 있을 수가 없었지… 난 거기에 있을 권리가 있었는데 말이야!

디렉터: 자, 메리 케이트. 네가 지금까지 가슴속에 꼭꼭 채워 두었던 그 화를 빼낸 것을 축하하는 의식을 거행해야지.

(디렉터는 메리 케이트에게 재빨리 인형과 쿠션들을 사용하여 마치 책들이 쌓여 있는 것처럼 진열하게 한다.)

디렉터: 어서, 서둘러! 이건 기분이 확 일어날 때 하는 거야. 메리 케이트, 어서 끄집어내. 그리고 그걸 같이 바라보자!

(메리 케이트는 마루에 앉아 부드러운 장난감과 쿠션들을 집어 던진다. 한편, 디렉터는 메리 케이트의 이런 동작을 극대화하기 위해, 메리 케이트 주변을 빙빙 돌며, 빨간 천을 휘두른다.)

디렉터: 자, 더, 메리 케이트! [그러고는 손에 들고 있던 빨간 천을 메리 케이트에게 던져 준다.] 네가 화가 난 걸 스스로 받아들이고 인정한 날을 기념해야지!

(메리 케이트도 디렉터가 외치는 리듬에 맞춰 빨간 천을 이용해 투우사처럼 멋지게 춤을 춘다.)

　　메리 케이트는… 화낼 권리가 있다… 그리고 이제 그 모든 화를 끄집어낸다. 이~야~앗!

(같이 웃으면서 흩어져 있는 장난감, 쿠션, 스카프들을 모은다.)

13주에 걸친 치료 과정에서, 메리 케이트는 너무 빈틈없이 정확하게 행동하려고 하는 억눌린 불운아의 모습에서 탈피하는 참으로 긴 길을 걸어왔다. 내가 맨 처음 책상 위에 올라가 "진실의 산"을 외치며 동참을 권유했을 때에는 짐짓 놀라기도 했다. 하지만 마지막 회기에서 이 아이가 보여 준 몸짓 언어는 무척 자유로웠고, 이 긴 여행 끝에 마침내 얻게 된 마음의 평안을 드러내 보였다. 메리 케이트는 경찰관과 가진 면접에도 의연하게 잘 임했다. 그럴 수 있었던 데에는 많은 요소들이 작용했을 것이다. 사실을 솔직하고 담백하게 진술하는 잠재력이 작용했을 수도 있고, 오랜 시간 묻어 둔 자신의 학대의 충격에도 불구하고 딸을 돌보아 온 엄마가 보여 준 전폭적인 지원 덕분이기도 했을 것이다. 엄마가 실제로 아이 할아버지의 행동을 목격했기 때문에 경찰 앞에서 아이의 진실성을 입증하는 데 큰 도움이 되었다. 이는 법정에 선 메리 케이트의 할아버지가 유죄를 인정하는 데에도 큰 영향을 주었다.

이 모든 점에서 메리 케이트는 여느 다른 성 학대 피해 아동들보다는 운이 좋은 경우였다. 메리 케이트는 시종일관 사람들이 자기를 믿어 준다는 느낌을 갖게 되었고, 길고 지루한 법정 절차를 거치지 않아도 되었다. 정의라는 가치가 보장되는 것을 경험할 수 있었기 때문이다. 그러나 애석하게도 사회복지사가 청구한 '범죄로 인한 희생자 보상Victims for Crime Compensation'은 치안 판사에 의해 기각되었다. 이유는 메리 케이트가 제3의 심리학자에게서 성 피해 진단을 받도록 한 법정의 요구에 응하지 않았기 때문이다. 메리 케이트가 또 한 번

낮선 사람에 의하여 진단을 받는다는 것은, 이미 잘 극복한 외상을 되살아나게 할 수 있기에 메리 케이트와 엄마는 그것을 거부했다.

13. 제이미

제이미를 생각할 때면 언제나 안데르센의 「인어공주」에 나오는 한 대목이 떠오른다.

> 저 멀리 바다 속, 수레국화 꽃잎처럼 파랗고 유리같이 투명하다. 하지만 그 수심이 너무나 깊어 닻이 닿을 수 없고 수많은 교회 탑을 쌓고 또 쌓아야만 비로소 수면에 닿을 수 있다. (James, 1930: 83)

부모에게 사랑과 보살핌을 잘 받고 자란 아이는 깊은 바다 같은 순수함과 신뢰감을 지니고 있다. 이런 아이는 세상의 위험한 일을 경험하지 못한 탓에 무방비 상태이기 쉬워 학대자가 쉽게 접근할 수 있다. 장기간 성 학대를 받고 살아온 아동들은 이런 희생의 소용돌이에 깊이 휘말려 혼란과 죄의식, 그리고 사람들 앞에 나서기를 극도로 꺼리는 두려움 같은 특징을 갖는다.

3살 정도의 아이가 이런 경험을 하게 된다면, (메리 케이트나 제이미의 경우와 같이) 이런 복잡한 감정들은 더욱 혼란스러워진다. 왜냐하면 아이는 아직도 모레노(1944)가 말한 "첫 우주the first univers" 단계에서 빠져 나오고 있는 중이기 때문이다.

> 첫 우주는 모든 것을 실제real로 받아들이던 유아기적 경험이 환상fantasy과 실재reality로 나누어지기 시작하면서 마감된다. 이미지 구축 작업이 빠른 속도로 진행되면서, 실재의 영역과 상상의 영역이 구별되기 시작한다(Moreno and Moreno, 1944: 64).

이 무렵 아동은 환상과 실재를 자유로이 오가며 이미지에 매우 민감한 반응을 보인다. 아주 어린 아이에게 접근하는 성폭력 가해자는 대개 장난감이나 가면, 또는 놀이 기구 등을 이용하여 성적인 "게임"으로 다가간다. 이러한 이미지들은 아이의 마음속에 매우 생생하게 남게 되고, 그러한 올가미에 빠져들수록, 예전에는 단순했던 장난감도 은유적 의미를 갖게 된다. 그래서 한 번 학대를 경험한 아이는 어떤 장난감들을 보는 것만으로도 자신의 오감을 뒤흔드는 기억들(경우에 따라 한꺼번에)의 아픔에 몸부림치는 경험을 하게 된다. 외상의 정도가 깊은 아이에게 이런 기억들은 현재 일어나는 일로 느껴지기까지 하며, 이에 따라 아이는 외부 세계에 반응할 수 없게 되고 무감각해지기까지 한다.

> 이는 마치 외상의 순간에 시간이 멈춰 버린 것과 같다. 외상의 순간은 이상 기억 형태로 암호화되어 무의식적으로 의식 속에 침범해 들어오며, 깨어 있을 때에도 플래시백으로 악몽처럼 나타난다. 겉으로 보기에는 대수롭지 않게 보이는 것들도 학대받던 때의 기억을 불러일으키는 경우가 있으며, 당시의 극렬했던 감정이 생생하게 되살아난다. 이로 인해 피해자는 지극히 안전한 환경에서도 위험을 느낀다. 왜냐하면 어디에서 불쑥 이런 기억이 되살아날지 전혀 알 수 없기 때문이다(Herman, 1992: 37).

나는 제이미가 인생에서 가장 고통스런 시간을 보내고 있을 때 10개월을 함께 보냈다. 제이미는 눈을 크게 뜨거나 얼굴이 창백해지는 등의 증상을 보였으며, 몇 분 동안 주위를 전혀 인식하지 못하는 경우도 있었다. 제이미는 그때의 상처가 얼마나 강했는지를 온몸으로 말하였으며, 나는 이 아이가 내면 깊은 곳까지 고통 받고 있음을 느낄 수 있었다. 이 아이의 내면 깊숙한 곳까지 닿을 수 있는 "닻"을 과연 내가 가지고 있는가? 아이가 느끼는 극도의 고통, 그 심연에서 나에게까지 닿을 수 있는 수많은 탑을 쌓아 올리는 일을 내가 과연 할 수 있을까? 제이미와 같이 작업을 하면서 다행스러웠던 것은 제이미가 매우 영리하고 창의적인 아이였다는 점이다. 또한 제이미가 상처받기 쉬웠던 이유 중 하나였던 민감성sensitivity이 다른 한편으로는 치료에 도움이 된다는 것도 알게 되었다.

　　제이미의 부모는 4살밖에 안 된 아이가 인형을 가지고 성적인 놀이를 하는 것을 보고, 이 아이가 학대를 받았을지도 모른다는 생각을 처음으로 하게 되었다. 그로부터 얼마 후 제이미는 엄마에게 몇 가지 이야기를 들려주었다. 엄마는 성폭력 방지 센터의 도움을 받으려고 찾아갔지만, 제이미가 너무 어렸기 때문에 상담자와 직접 이야기를 나누기 힘들었다. 제이미는 어린 아이가 할 수 있는 표현으로만 엄마에게 연거푸 말을 했고, 이 과정에서 엄마는 아이의 삼촌이 아이를 돌보는 동안 오랜 기간에 걸쳐 심한 성폭력을 했음을 알게 되었다. 제이미의 삼촌은 친척들 중에서도 신뢰받는 사람이었으며, 지역 학교에서도 존경 받는 교사였다. 그래서 사람들은 당연히 4살 된 이 아이의 엄마보다는 삼촌의 말을 더 믿었다. 제이미는 자신을 인터뷰 하려는 경찰관들을 신뢰하지 않아 협조하지 않았다. 그래서 경찰관들도 제이미의 말에 회의를 보였다.

　　부모의 말에 따르면, 경찰들이 사용했던 방법은 외상을 당한 이 아이의 반응을 잘 헤아리지 못했다. 그들의 방법은, 매지 브레이(Madge Bray, 1991)가 기술한 것처럼, 면접에 효과적인 팀워크를 발휘했던 트레이시Tracey의 경우와는 거리가 멀었다. 트레이시라는 아동 역시 일반적인 면접 기법이 불가능한 어린 아동이었다(Bray, 1991: 50-66). 트레이시의 경우, 경찰관은 아이의 진술을 받기 위해 아이와 함께 어울려 즐겁게 놀면서 아이로부터 진술을 받았다. 하지만 이렇게 면접을 받는 아이들이 몇 명이나 될까? 아마 거의 찾아보기 힘들 것이다. 몇 달간의 치료를 거친 뒤에도 아이가 단지 부모나 심리 치료사들에 의해 "오염"된 증거를 말하고 있다고 반박하는 변호사의 소리는, 사건을 세상에 알리기만 하고 아이들을 보호하지 않는 법정의 현실을 여실히 드러낼 뿐이다. 아동 성폭력 피해자 대다수가 그러하다. 우리의 법체계는 아동 성폭력 피해자들을 보호하지 못하고 있다. 저명한 정신과 의사인 앨리스 밀러 Alice Miller는 이렇게 말한다.

> 여태까지 사회는 어른을 감싸고 피해자인 아이만을 탓해 왔다. 아이들은 교활하고 악하고 거짓말을 만들어서 결백한 부모를 공격한다는 구시대의 이론이 아직도 지배적이다. 아이는 부모의 학대 행위를 보호하려는듯, 오히려 자신을 비난하며 변함없이 부모를 사랑하고 감싸려고 노력하고 있는데 말이다(1990: 169).

제이미의 경우, 이러한 학대 행위가 아이의 가까운 친척에 의해서 발생했지만, 밀러의 말은 일반적인 아동 성폭력 상황에 두루 적용될 수 있다. 아이들을 보호하기 위해 만들어진 법들도 어른에 편향적인 경우가 많은데, 이는 어른을 위주로 한 이해 체계 내에서 법을 시행하기 때문이다. 어른들도 법적 절차와 용어를 잘 이해하지 못하지만, 어린 아이들보다는 훨씬 더 직접적으로 이에 관여할 수 있다. 이로 인해 아이들은 늘 불리한 처지에 있어야 하며, 훨씬 많은 도움이 필요하게 된다.

산드라 스미스(Sandra Smith, 1985)는 미국 법체계를 기준으로, 어린 아이가 증언을 할 때 검사가 어떻게 해야 아이를 도와줄 수 있는지를 많은 예를 들어 가며 말해 주고 있다. 그러나 아울러 이런 유의 법정 사건이 많아지면서 학대자(어른)를 변호하는 변호사들이 그만큼 더 교묘하게 대처한다(Smith 1985: 54). 그녀의 책 서론에서 스미스는 힘의 동등성power equation에 대한 아동의 처지를 이렇게 정리해 놓았다.

> 다윗과 골리앗의 이야기가 역사 속에 존재한 아이와 어른 간의 최초의 일대일 대결은 아니다. 하지만 이 싸움이 준 가장 큰 의미는 키와 힘의 차이였다. 아동 학대의 경우에도 이와 같은 차이가 존재한다. 이 범죄에서 제일 주목해야 할 부분은, 가해자와 피해자 간의 싸움이 게임이 될 수 없을 정도로 서로 간에 엄청난 차이가 있다는 점이다. 가해자는 덩치와 힘에서 앞서며, 경험도 많고, 말도 더 잘하며, 관계 내의 모든 힘을 갖고 있다. 이에 비해, 피해자인 아동은 작고 연약하며 순진하고 자기 표현력이 부족하며 힘이 없지 않은가? (Smith 1985: 서론)

제이미가 내 방에 발을 들여놓았을 때 나의 역할은 아이가 법정에서 이길 수 있도록 돕기보다는 회복할 수 있도록 돕는 것이었다. 제이미는 악몽을 꾸고, 낯선 사람을 두려워하며, 가끔씩 이유 없이 폭력적인 행동을 보이기도 했다. 그리고 가끔씩 학대의 기억이 되살아날 때면 실신해서 혼수상태에 빠진 적도 있었다. 처음 여섯 번의 회기는 제이미가 자유롭게 그냥 놀 수 있게 해 주었다. 제이미는 은유와 심상을 사용하여 자기감정을 표현했다. 나는 그저 그 곁을 맴돌면서 제이미의 보조 자아로서 제이미가 시키는 역할을 적극적으로 이행했다. 제이미 자신의 역할을 온전히 발견할 수 있게 하는 데에만 신경을 썼던 것이다. 되도록이면 제이미의 놀이에 나의 생각이나 해석을 개입시키지 않으려고 애를 썼다. 좋은 치료사라면 일어난 사건의 증거를 다른 목적으로 오염시키거나 없애 버리는 일은 피해야 한다. 이것은 특히 성적 학대 경험이 있는 아이들과 작업할 때 중요하다.

제이미가 놀이를 하면서 다룬 주제들은 공격, 분노, 복수, 속임, 재난, 약점, 속박 등이었다. 제이미는 주로 내게 "악역 baddie"을 맡겼는데, 작은 물개를 추격하는 범고래 역할이었다. 내가 디렉터의 입장에서 작은 물개를 도와줄 누군가가 없겠는지 물어 보면, 제이미는 즉석에서 작은 물개를 보호해 주는 캐릭터를 만들어 냈다. 새로 영입된 이 등장인물들은 범고래를 무섭게 쫓아다녔는데, 제이미가 내게 덤벼오는 통에 쿠션으로 방어를 해야 할 정도였다. 내가 공포의 비명을 지를 때마다 제이미는 아랑곳하지 않고 매우 즐거워했다. 이 놀이는 여러 가지 버전으로 진행되었는데, 어떨 때는 속임수를 쓰는 캐릭터 — 화려한 악어 인형, 순한 얼굴의 아기 원숭이 — 가 등장하기도 했다. 대개 이런 캐릭터들은 처음에는 친구이지만, 나중에는 적으로 밝혀지는 경우가 많았다.

그 뒤 10개월에 걸쳐 소개된 또 다른 놀이는 험티덤티가 주인공으로 나오는 놀이였다. 제이미는 애초에 상상력을 자극했던 부드러운 장난감을 두고 두 개의 성게 껍질을 이용하기 시작했다. 하나는 험티덤티를 나타냈고, 다른 하나는 자기를 보호해 주는 아버지 역할이었다. 제이미는 이 두 인형을 조그만 나무배에 넣어 욕조에 받아 놓은 물에 띄웠다. 커다란 그릇을 엎어 물 위에 띄우며 그것을 섬이라고 했다. 돌이 여우라고 하면서(여우는 수영을 할 줄 모르는 것으로 설정) 추격과 사고에 이어 탈출하는 장면을 연출하였다. 제이미는 이 놀이를 할 때면 두려움이 해소되고 편안한 생체 반응(방귀)을 일으켜 온 방안을 그야말로 경이로운 냄새로 가득 채우곤 했다. 이때마다 제이미는 변기에 앉아 볼일을 보았고, 일상의 소소한 일들에 대해 내게 즐겁게 이야기해 주었다. 그리고 점차 게임의 횟수가 늘어감에 따라 제이미의 방귀 냄새도 덜 고약해졌다.

그러던 중 새로운 전기를 맞이하는 계기가 생겼다. 제이미가 누나와 함께 자살 약속을 하는 이야기를 엄마가 엿듣게 된 것이다. 제이미는 누나가 먼저 죽어서 천국에서 자기를 마중나오는 이야기를 하고 있었다. 제이미의 누나는 자기가 먼저 뛰어내려도 제이미가 먼저 땅에 떨어져 죽을지도 모른다고 했다. 이 사건을 계기로 나는 제이미의 누나도 상담이 필요한 게 아닌가를 생각하게 되었다. 제이미의 누나도 성폭력을 당했을 가능성이 높아 보였다. 어느 쪽이든지 간에 동생의 절친한 친구로서 힘겨운 짐을 지고 있는 것만은 사실이었을 것이다. 그래서 제이미 누나와의 상담을 내가 먼저 요청하였다. 그리고 자유 놀이free play를 하면서 새로운 요소를 치료에 포함하기로 했다. 이들의 부모 말에 따르면, 아이들은 여전히 가해자로부터 받았던 협박에 큰 두려움을 가지고 있었다. 아이들은 심각할 정도로 두려움에 시달리고 있는 듯했다. 당시의 상황을 뚜렷하게 재현하는 이미지를 완화시키기 위해서라도 놀이가 안전하다는 인식을 심어 주는 것이 매우 중요했고, 아이들의 심층(이성적인 인식 밑에 있는)까지 다가가는 것이 필요했다.

몇 주에 걸쳐 나는 제이미와 제이미 누나를 위해 각자의 놀이 중에 터져 나온 주제들에 맞추어 치료를 위한 이야기를 만들었고, 이때 이야기에는 성적 학대에 대한 어떤 암시도 담지 않도록 했다. 이야기는 행동들에 초점을 맞춰 다채로운 시각과 동적 이미지들로 가득 차게 꾸몄다. 이런 행동들과 다채로운 시각과 동적 이미지들은, 일단 제이미가 비밀의 속박을 벗어 던진다면, 아이들에게 상처를 입힌 가해자의 힘도 뿌리째 뽑힌다는 내용을 한층 강화해 주었다.

그 이야기 중 하나는 잠을 못 자 이리저리 뒤척이는 한 어린 물개를 바라보며 빛을 비추는 달님(촛불로 불을 밝힌 세모 모양의 전등으로 달을 나타냈다) 이야기였다.

달님은 그 어린 물개에게 범고래를 고자질하는 한이 있더라도 엄마에게 고민거리를 이야기하는 것이 좋겠다고 말해 주었어요(이야기에는 범고래가 어린 물개를 폭풍이 몰아치는 깊은 바다로 유인해 가서 괴롭히는 부분이 있었다. 범고래는 만일 이 사실을 알리면 가만 두지 않겠다고 어린 물개에게 으름장을 놓았다). 달이 어린 물개에게 용기를 주는 매직 망

토를 어깨에 걸쳐 주었고, 어린 물개가 말을 하면 할수록 그 망토는 점점 더 길어졌어요(우리는 이를 표현하기 위해 예쁜 빛깔의 실크 스카프를 사용하여 방을 길게 가로지를 만큼 늘어뜨렸다).

한편, 범고래는 여느 때와 다름없이 바다를 누비며 자기의 힘을 과시하고 있었어요(우리는 범고래의 등에 닭 모양 풍선을 붙였다. 누르면 '꽥' 하는 소리를 내는 작은 마개가 달려 있는데, 그 마개를 잡아당기면 '쉭' 하는 소리와 함께 바람이 빠지면서 흐물흐물한 작은 헝겊 조각처럼 되는 풍선이었다). 어린 물개가 소리를 높여 말을 하자 범고래는 자기의 모든 힘을 잃게 되었어요(제이미는 풍선의 마개를 뽑고는 범고래의 힘이 눈에 띄게 빠지는 것을 보며 크게 웃었다). 그러자 모든 꽃들이 기뻐 춤을 췄어요(나는 이때 선풍기를 꽃들이 있는 쪽으로 향하게 틀어 꽃들이 바람에 날려 춤을 추듯 팔랑거리며 한데 어울려 새로운 색깔을 연출하도록 했다.)

제이미가 손에 꽃을 들고 정원으로 달려 나가 공중으로 날리자 꽃들이 바람결에 너울거리며 춤을 추었다. 이때 나는 어린 물개를 데리고 곧장 제이미의 뒤를 따랐다. 우리 뒤에서는 물개에게 용기를 준 용기의 매직 망토가 바람에 휘날리며 따라왔다. 이때의 이미지는 이후에도 제이미의 자유 놀이에, 그리고 나의 스토리텔링에 계속 영향을 주었다. 치료사는 알고 있는 데이터를 근거로 해서 스토리텔링을 만든다고 할지라도, 학대에 초점을 맞춘 사실이나 은유를 필요 이상으로 제시하지 않도록 조심해야 한다. 예를 들어, 위의 이야기에서 범고래의 항해는 가해자가 아이들 앞에 자주 나타나서 아이들을 위협해 계속 두려움에 떨도록 하는 행위를 암시하므로 조심해야 할 부분이었다.

제이미의 누나 켈리와 만든 이야기 속에 등장한 주인공은 어린 물개의 친구인 펭귄이었다.

펭귄은 등에 커다란 짐을 시고 있었어요. 그 짐 때문에 펭귄은 하고 싶은 일이 있어도 못하는 경우가 많았어요. 그런데도 펭귄은 자기 등에 짐이 있다는 사실을 부인하면서, 다른 사람이 가까이 오려고 하면 몸을 피했어요. 짐을 등에 얹은 채 때론 짐의 무게 때문에 비틀거리면서도 계속해서 애써 그 사실을 외면할 뿐이었어요.

내가 이 이야기를 시작하자 켈리는 얼굴을 쿠션에 묻고 나에게서 등을 돌렸다. 켈리가 의외로 깊은 분노를 안고 있다는 것을 알 수 있었다. 나를 만나러 오기 전, 엄마가 방과 후 학교로 데리러 갔을 때 켈리가 울음을 터뜨린 적이 두 번 있었는데, 왜 울었는지 물어 보면 별로 납득이 가지 않는 이유를 대며 목에 무엇이 걸려서 말이 잘 나오지 않는다고만 했단다. 켈리가 제이미에게 비밀을 누설하지 않도록 종용하는 것은 아닌가 하는 생각이 들었다. 두 아이가 함께 자유 놀이를 할 때면 아이들의 행동이 자연스럽지 못한 것도 눈에 들어왔다. 나는 한 명의 치료사가 두 아이의 필요를 한꺼번에 다룰 수는 없다는 사실을 알게 되었다. 내가 켈리에게 다른 전문가 선생님을 만나는 게 좋겠다고 말했을 때 켈리도 안심하는 것을 느낄 수 있었다. 켈리는 새 치료사에게 잘 적응하였고, 학대받았던 고통스런 경험에 대해서도 서서히 이야기하기 시작했다.

제이미도 켈리의 변화를 보고 놀라워하면서, 가해자의 이름을 직접 언급하기 시작했다. 그래도 제이미는 계속 은유를 통해 작업할 필요가 있었다. 제이미가 가장 좋아하는 은유는 팽이였다. 돌리면 뱅그르르 회전하면서 그 색이 선명해졌다 흐릿해졌다 하는 팽이는 제이미에게 용기를 상징하기도 했다. 간혹 제이미는 이것이 작은 물개의 힘을 나타내는 것이라고 하면서 있는 힘을 다해 팽이를 돌렸다. 그러고는 여기서 나오는 모든 힘을 작은 물개의 수호자들에게 주었다. 때때로 우리는 해변에 가서 바람을 이용해 놀기도 했다. 한 번은 제이미가 만든 헬륨 풍선 인형을 가지고 가서 해변에 띄워 놓았다. 제이미는 내게 바람이 어느 쪽으로 불고 있는지 물었고, "나쁜 사람"을 어디로 데려 가는지도 물었다. 바람의 방향은 마침 북풍이었고, 그대로 두면 바람이 인형을 남극으로 데리고 갈 것이라고 하자 제이미가 재미있어 하며 웃었다. 한 번은 우리가 "매 때리는 기계"를 해변에 가져간 적이 있었는데, 그때에도 제이미는 몹시 즐거워했다. 풍차 모양의 이 기계는 풍차의 힘을 빌려 장난감 말이 인형을 발로 차도록 만들어진 기계였다. 바람이 세게 불수록 기계는 더 빠르게 작동했다. 제이미는 '날아다니는 물고기' 연을 높이 들고 부서지는 파도를 따라 해변을 빠르게 달렸다. 몸을 움직이는 이런 활동적이고 상징적인 놀이들이 제이미에게 깊은 인상을 주었다.

나는 계속 제이미를 맡고 싶었지만 업무차 여행을 떠나야 하는 상황이 되었다. 제이미가 가해자의 이름과 실제 상황을 회기 중에 언급하기 시작한 지 얼마 되지 않았을 때였다. 나는 제이미를 동료 치료사에게 소개했다. 이 새로운 치료사는 멋진 놀이방을 가지고 있었을 뿐만 아니라, 무엇보다도 지혜와 사랑, 경험이 풍부한 전문가였다. 이렇게 해서 상처받은 이 아이들의 치료는 계속 진행될 수 있있다. 치료사뿐 아니라 부모들 역시 아이들의 성장에 걸림돌이 되는 두려움과 분노에서 아이를 자유롭게 하는 데 관여했다. 사실 쿡(Cooke, 1996)이 언급한 것처럼, 변화의 대상인 개인과 사회는 "조화롭게 조율 fine tuning"되어야 한다. 쿡(1978, 1996)은, 개인은 변할 수 있고, 그 변화는 상호 연결된 사회적 관계의 틀 안에서 일어난다는 사실을 다음과 같이 재확인한다.

> 인간은 끊임없이 진화하고 있다. 이 진화의 과정은 개인의 선택에 의해 일어날 뿐 아니라 다른 사람들의 선택에 의해서도 크게 영향을 받는다. 인간은 "human beings"이기보다는 "human becomings"이다. 인간은 상호 연결된 존재의 거미줄 위에 놓여 있는 "되어 가는 존재"인 것이다. 인간은 다른 인간들을 창조할 뿐 아니라 자기의 존재를 창조한다. 인간은 변화하며 그 변화의 방향과 흐름을 조절할 수 있다. 그것이 좋은 것이든 나쁜 것이든 간에,

끊임없이, 알지 못하는 중에 그 변화를 만들어 간다
(Cooke 1996: 512).

이어서 이 변화 과정이 정신적 외상에 미치는 영향에 대해 다음과 같이 설명한다.

> 인간의 삶은, 그의 육체적 필요에 맞추어진 우주를 동반하지 않고서는 결코 이 지구상에 존재할 수 없다. 또한 인간의 성장 역시 그 개인에게 잘 맞추어진 사회를 필요로 한다. 한 개인의 내면의 성장은 다른 사람들과의 관계에 의해 일어난다. 예를 들어, 한 개인이 자기의 특성을 잃어버리면 자기와 타인에 대한 인식도 흐려지게 된다. 만약 중요한 대상들과 조화롭게 조율을 이루지 못해 성장이 멈추면, 그는 고착될 것이다. 적어도 누군가 한 사람이 그에게 다가가 그에게 자신을 맞추어 주고, 이를 통해 그가 사람에게 반응하는 법을 새로 배우게 될 때; 그때야 비로소 그는 다시금 성장의 단계를 밟아 나갈 수 있게 된다(Ibid).

앨리스 밀러(1990)는 도움을 받지 못한 학대 피해자 아이들이 어떤 어려움을 겪는지 아주 강경한 어조로 밝힌다. 그녀는 제때 적절한 도움을 받지 못해 감정이 억눌린 채 지내야 했던 어린 아이들이 장기간에 걸쳐 받는 영향을 다음과 같이 설명한다.

원래의 원인에서 분리되어 그들의 분노, 연약함, 절망, 갈
망, 불안과 아픔은 다른 사람들(범죄적 행위, 살인)이나
자신(마약 중독, 알코올 중독, 매춘, 정신 질환, 자살)을
향한 파괴적인 행동으로 나타난다(1990: 168).

신체적, 성적 학대가 장기적이고 주기적으로 영향을 미친
다는 임상적 견해가 지배적이다(Freeman-Longo 1990; Mullen 등
1988; Finkelhor 등 1989; Singer 1989; Browne and Finkelhor 1986;
Beitchman 등 1992).

이러한 연구의 뒷받침 덕에, 다행히 지금은 성폭력을 당한
아동들에게 즉각적인 도움이 필요하다는 인식이 널리 퍼져 있
다. 또한 성폭력 사건이 일어났을 때 아동이 학대 사실을 밝힐
수 있도록 돕는 부분도 최근 많은 발전을 이루었다. 성폭력과
같은 파괴적이고 은밀한 범죄를 소멸시키기 위해 사회의 각
분야가 힘을 합해 공동의 노력을 하는 수준에까지 이른 것이
다. 그러나 제이미의 이야기에서 해결되지 않은 법적인 걸림
돌 하나가 극명하게 드러난다. 형사 소송에서 현재 사용되는
증거 규칙이 바로 그것인데, 아주 어린 아동의 증언이 그다지
큰 무게를 갖지 못한다는 점이다. 아동이 가질 수 있는 증인으
로서의 자격이 번번이 무시된다. 이 책에서는 증인의 자격 및
진실 규명을 위해 법정에 선 어른과 아이의 차이를 심층적으로
분석하는 것은 하지 않기로 하겠다. 버시(Bussey 1992)는 연구
결과들을 바탕으로 이 점을 잘 설명하고 있다. 그녀는 굿맨 등
(Goodman, Hirchman, Rudy 1987)의 연구를 인용했다. 그들의 연

구 결과에 따르면, 3살 정도밖에 안 되는 아동도 진실에 반대되는 유도 질문에는 저항을 한다. 아동은 학대에 관한 거짓 기술을 유도하려는 어른들에게 마음을 쉽게 열지 않는다. 하지만 아동들은 자신을 학대한 가해자 어른이 유죄 판결을 피해 갈 수 있다고 믿는 한, 계속해서 힘없는 대상으로 남을 수밖에 없다.

아동의 증언이 무게를 가질 수 있도록 법 절차를 바꾸는 것이 우리의 당면 과제이다. 아동 학대 사례를 다루는 판사와 변호사들의 훈련도 이에 포함되어야 한다. 현재로서는 이 부분을 다루는 데 법률가들마다 큰 시각차를 보이고 있다. 비디오 증거물을 다룰 때가 그 한 예이다. 내 동료 치료사가 말한 것처럼 "게임(법정 대결)의 규칙을 정하는 것보다 더 중요한 것은 실제로 법정에서 어떤 일들이 일어날지 분명히 인식하는 것이다." 우리가 법령에 어떤 변화를 가하더라도 그 법의 실행은 궁극적으로 법을 다루는 판사의 태도와 지식, 가치관 그리고 변호사와 경찰관의 법정 심문에 따라 그 효력이 달라질 수 있다. 정의의 저울은 어른과 아이에게 동등하게 적용되어야 하지만, 아동이 갖고 있는 특수성도 고려되어야 한다. 이것은 단지 학대를 가한 범인에게 복수를 하기 위해서라기보다는 악의 순환 고리를 끊는 문제이기 때문이다. 마지막으로 짚고 넘어가야 할 것은, 정부가 이 문제에 대해 얼마나 적극적인가 하는 문제이다. 가끔씩 정치가들이 유권자의 이목을 끌기 위해 어설프게 체제 개선을 시도하는 경우도 있다. 하지만 정부에서는 이 일을 추진하는 데 세부 사항을 조목조목 따져 이 과제가 아주 많은 투자(들어가는 비용도 막대함)를 해야 하고, 정부 각 부처들(건강, 복지, 법, 재무 등)과의 협의도 절실히 요구되는 사항임을 분명히 인식하여 좀 더 성의껏 일을 추진해야 한다. 그리고 마지막으로 가장 중요한 질문은 "사회는 이 문제에 얼마나 적극적인가?" 하는 문제이다. "법"은 단순한 법령의 모음으로 끝나서는 안 된다. 아동 성폭력 피해자들의 법적 보호를 위해서는, 법의 제정만큼이나 사회 각 분야에서 조화를 이루고 함께 개선책을 공고히 하는 노력이 중요하다고 본다. 이러한 조화로운 사회 체계 안에는 입법자들을 신뢰하는 사람들의 의지가 포함된다.

　수많은 아동의 정당한 권리를 막고 있는 이런 복잡한 법적 문제를 해결하기 위해서는 아직도 갈 길이 멀다. 그래도 지속적으로 문제를 제기한 덕분에 일반 사례를 뒷받침하는 연구들이 계속 이어지면서 필요한 정보들이 모이고 있다. 우리는 몇 세기 동안 이 문제를 방치해 왔고, 그로 인해 막상 해결책을 모색하려고 하니 더 어려운지도 모르겠다. 그렇지만 방해물이 무엇인지 아는 것도 나름의 진보라 할 수 있으며, 앞으로도 이러한 노력은 계속되어야 할 것이다.

사진: Bernadette Hoey

14. 아만다

이제 다시 한 여자 아이가 보여 주는 경험의 세계로 들어가자. 이 여자 아이는 이미지를 창조하여 자신의 숨겨진 감정을 표현하고 치유 에너지를 만들어 내는 남다른 능력을 가지고 있었다. 아이의 삶은 복잡하고 방대한 사회 체계의 망 속에 있었지만 회기 중에는 자유로운 모습을 보였다. 은유로 가득 찬 놀이의 세계로 금세 나를 이끌어 들이는 힘이 있는 아이였다.

내가 상담해 온 여느 아이들처럼 아만다 역시 여러 위탁 부모 care givers의 손을 거치며 순탄치 않은 어린 시절을 보낸 아이였다. 처음 만났을 때 아만다는 13살이었고, 위탁모 비키는 아만다 입양을 위해 절차를 밟고 있는 중이었다. 아만다의 친부모는 알코올 중독자였으며, 아만다가 아기였을 때 이혼했다. 그 이후 아만다는 대부분의 시간을 엄마와 함께 보냈지만, 6

살 되던 해 엄마가 죽었다. 이때 엄마의 시신을 발견한 것도 아만다였다. 비키에 의하면, 아만다가 최근 퇴행 행동regressive behavior을 보이고 혼란스러워하게 된 것은, 현재 추진 중인 입양 절차에 따라 시설에서 아만다의 생부를 찾아 그의 동의를 얻으려고 한 때부터라고 한다.

이 장에 기술된 회기 전에, 아만다와는 두 번의 회기가 진행된 상태였다. 앞선 두 번의 회기에서 의미 있게 다뤄진 이야기는 없었다. 하지만 그 다음 회기에서 놀라운 일이 벌어졌다.

(아만다가 들어오자마자 "오늘은 난 비키를 위한 연극을 만들 테야"라고 말한다.)

디렉터: 그거 재미있겠다. 장난감 꺼내는 것 좀 도와줄래?

(아만다가 신이 나서 깡총깡총 뛰며 좋아하는 모습이 영락없는 어린 아이다. 제일 마음에 드는 인형을 고른다. 코알라 인형을 꼭 껴안고 표범 인형을 안고 뽀뽀를 한다. "너는 내 남편이야." 그녀는 개구리 인형 '미끄덩 샘Slippery Sam'을 천장으로 몇 번이고 휙휙 던진다. 광대 인형을 흔들면서 소리 내어 웃는다.)

디렉터: 너랑 좀 닮았는데. 둘 다 굉장히 화려한 색깔의 옷을
　　　입고 있고, 아만다는 오늘 기분이 "하늘에 뜬 연" 같이 최
　　　고인 것 같네.

(디렉터와 아만다 둘 다 웃는다. 아만다가 계속 익살스럽게 장난친다.)

디렉터: 오늘은 너와 같은 소녀에 대한 이야기를 만들어 볼까?
　　　여러 곳을 옮겨 다니며 살다가 마침내 자기가 행복하게

지낼 수 있는 곳을 찾은….

아만다: [신이 나서] 네! 우리 시간 여행을 해요… 하지만 어디서 시작해야 할지 모르겠어요.

디렉터: [노래 부르며] 맨 처음부터 시작하자꾸나.

아만다: [반가워하며] 저, 그 노래 알아요!

(디렉터가 고개를 끄덕이고, 아만다가 노래를 부른다. 이어 디렉터도 같이 따라 부르기 시작한다.)

디렉터: 시작하기 좋은 곳부터 하자.

아만다: 제가 아기였을 때부터 시작할게요.

디렉터: 그래, 그러면 인형들 중에 아기를 골라 보렴.

(아만다가 아기 인형을 골라서 눕힌다.)

아만다: 개가 막 나를 공격하고 있어요.

디렉터: 그러면 그 개를 골라서 실제처럼 그 상황을 만들어 봐.

(그러자 아만다가 빠르게 움직이며 자유롭게 상상력을 발휘한다. 개가 사납게 아기를 공격한다.)

디렉터: [목격자의 역할을 한다.] 오, 이런… 누구 없어요? 이 아기 돌보는 사람 없어요? 부모님 없나요?

아만다: [아무렇지 않은 듯] 술집에 있는데요.

디렉터: 부모를 골라… 술집에 놓고.

(아만다가 광대 둘을 골라 바닥 위 서로 약간 떨어진 위치에 놓는다.)

아만다: 이것은 내가 좀 더 컸을 때예요. [약간 몸집이 큰 인형을 고른다.] 어쩌지, 팔이 빠졌네. 사자에게 공격을 받았거

든요.

(아만다가 상황을 연출한다. 으르렁거리는 소리와 함께 갑자기 덤벼든다.)

하지만 이젠 괜찮아. 요정 대모님이 계시니까.

디렉터: 요정 대모님이라고? 요정 대모님을 찾아보렴.

(아만다가 여기저기 샅샅이 찾는다. 웃는다. 나무 오리 인형을 꺼낸다.)

아만다: 너로 해야겠다. 네가 오리 요정이 되어줘. [디렉터와 아만다 둘 다 웃는다.]

(디렉터는 아만다에게 지혜를 주는 캐릭터로 오리 요정을 사용하기로 한다. 이어, 현명한 올빼미에게도 이 역할이 주어진다.)

디렉터: 안녕, 오리 요정. 여기서 뭐하니?

아만다: [오리 요정이 되어] 나는 아이를 돌보러 왔어.

디렉터: 아, 그거 잘됐네. 근데 이 아이가 사자에게 공격 받도록 이렇게 내버려둔 부모에 대해 너는 어떻게 생각하니?

아만다: [오리 요정이 되어] 벌을 받아야지… 그들이 받아야 할 벌은 서로 떨어지는 거야.

(어머니를 그냥 남겨 둔 채 아버지를 방구석으로 던진다.)

디렉터: [아만다에게] 지혜의 올빼미에게 어떻게 생각하는지 물어 보자. [아만다가 지혜의 올빼미를 데리고 온다.]

디렉터: 올빼미가 아만다에게 뭐라고 하니?

아만다: [약간 수줍어하며] 언제나 너의 양심을 따르도록 해라. [디렉터에게 "이 대사는 피노키오에 나온 거예요"라고 말

한다. 디렉터는 고개를 끄덕인다.] 그리고 이 일들로 인해 상처 받지 마라.

(아만다의 어조가 바뀌었다. 아만다는 무언가 깊이 생각 중이다. 아만다의 몸짓과 말투에서 알 수 있다.)

디렉터: 올빼미님, 맞는 말씀이에요… 정말 현명하시네요.

아만다: [갑자기] 나는 내 어린 시절 이야기를 바꿀래요. 우리 엄마는 지금부터 알코올 중독이 아닌 것으로 해요.

(디렉터는 약간 놀라지만 이내 아만다의 굳은 의지를 확인하고는 아만다의 몸짓을 따라 하기도 하고 강조하기도 하면서 연신 무대 위를 성큼성큼 걸어 다닌다. "나는 내 어린 시절 이야기를 바꿀 거야"라고 소리 지른다.

아만다가 엄마 인형을 시켜 사자를 공격하게 하고는 아만다 인형의 얼굴을 때리며 "빨리 일어나, 빨리" 하고 외친다.

디렉터는 아만다 엄마의 죽음을 둘러싼 이야기를 떠올린다. 아만다가 비슷한 기억 연상을 계속할지 궁금하지만 이런 궁금증을 겉으로 물어보지는 않는다. 한동안 아만다의 놀이에서 인형이 대답하지 않는다. 인형이 바로 앉는 자세가 될 때까지 아만다는 계속해서 인형을 처덕처덕 매만지고 흔들기도 한다. 아만다가 갑자기 이야기를 바꾼다.)

아만다: 이제는 쇼핑하러 가요.

디렉터: [이중 자아 역할을 하며, 쇼핑하러 가자는 제의에 어릿광대처럼 들썩인다.] 쇼핑? 음…, 쇼핑. [가상의 시장바구니를 들고 아만다와 함께 유쾌하게 발걸음을 옮긴다.] 우린 지금 어디에 있지?

아만다: 마이어 상점에 있어요. 장난감을 내려다보면서요.

디렉터: 아, 그렇담 정말 높은 데 있나 보네. 우리가 지금 있는
　　　곳이 어딘데?

아만다: 에스컬레이터를 탔어요.

(디렉터가 장난을 치며 테이블 위로 올라간다. 이만다도 따라
한다. 함께 인형들을 내려다보며 신이 나 웃으면서 행복해한
다.)

아만다: 그러고는 엄마가 여기 있는 장난감을 전부 다 나한테
　　　사 줘요.

디렉터: 장난감을 **전부 다? 전부 다 말이야?** [아만다의 이중 자아
　　　가 되어, 팔 하나 가득 즐겁게 인형들을 모은다.] 엄마, 고마
　　　워요, **고마워요 엄마.**

아만다: 그렇지만 가격을 듣고서 쓰러져요.

(아만다는 광대 인형이 기절하는 시늉을 한다. 그리고 자기 역
할을 하는 인형이 엄마를 이끌고 집으로 돌아가게 한다. 이 장
면을 연출하는 동안 아만다는 혼잣말을 하며 자신의 행동을 계
속 설명한다. 이번에는 역할을 바꿔 엄마 인형이 아이를 들어
아주 다정하게 팔에 안는 장면을 만든다. 두 인형을 같이 눕히
고, 엄마 인형이 아이를 보호하듯 안아 주는 장면을 만든다.
디렉터는 지금의 이 연기가 아만다에게 얼마나 중요한 것인지
인식한다. 그래서 이 순간을 강조하기 위해 지금의 상황을 말
로 설명한다.)

디렉터: 정말 아름답구나. 이젠 이 인형이 너한테 엄마구나.
　　　좀 전에는 네가 그 인형을 엄마처럼 보살펴 주려고 하더

니… 네가 몸집이 너무 작아서 엄마를 잘 데리고 갈 수 없어서 너무 힘들었잖아.

(아만다가 이 장면을 갑자기 중단하기 전까지는 굉장히 애정이 깃든 장면이다. 갑자기 아만다가 엄마를 넘어뜨린다.)

아만다: 엄마가 계단에서 떨어져요.

(아만다 역할을 하는 인형이 엄마 인형을 마구 흔드는 시늉을 한다. 엄마 얼굴을 찰싹찰싹 때린다.)

아만다: 엄마, 엄마 일어나요. 일어나. [사무적인 말투로] 우리가 앰뷸런스를 부를게요. [가상적인 전화기를 들어] 빨리 와 줘요. 엄마가 안 일어나요. [디렉터에게 오면서 다시 사무적인 말투로] 이제 땅 속에 묻혔어요.

디렉터: 거기에 눕혀 줄 수 있겠니?

(아만다가 인형을 왼쪽에 눕힌다. 땅을 파는 시늉을 한다.)

아만다: 이제 우리 땅을 파요.

(디렉터가 아만다의 이중 자아가 되어 아만다의 기분을 느끼고 리듬을 감지한다. 함께 삽으로 땅을 파면서 자장가 느낌이 나는 노래를 부른다. 양육자 역할을 더하여 아만다가 떠올린 죽음에 대한 이미지가 단지 삽으로 흙을 파는 것에 그치지 않도록 한다.)

디렉터: 우리는 땅을 파요. 땅을 파.

　　　　부드러운 갈색 흙의 땅을 파요.

　　　　흙 속에 안전하게

　　　　부드러운 갈색 흙에 안전하게 묻어요.

아만다: [여전히 사무적인 태도로] 이제 흙을 밟아요. [왔다 갔다

하면서 땅을 밟는다.]

디렉터: [멜로디를 바꾸어 노래 부른다.]

아만다가 따뜻한 갈색 흙을 평평하게 만들죠.

형형색색 발로 부드러운 갈색 흙을 평평하게 만들죠.

흙 속에 안전하게, 엄마를 따뜻하게.

(디렉터가 광대 인형을 사용하여 이중 자아 역할을 하는 시늉을 한다. 광대 인형의 형형색색 발이 아만다의 밝은 색 양말 옆에 함께하도록 하면서…)

형형색색, 형형색색, 형형색색 발로 흙을 밟는다.

땅 속에, 땅 속에

언젠가는 돌아갈 땅 속에.

(노래를 마치면서 디렉터가 아만다를 향해 웃는다. 아만다의 얼굴엔 평화로운 표정이 깃들어 있다. 이젠 노래를 끝내도 될 것 같다.)

아만다: [갑자기] 이제 아만다가 조금 더 자랐어요. 아만다의 언니 베간다가 아기 돌보는 법을 보여 줘요.

(베간다 역할을 할 인형을 하나 고르고 아기를 돌보는 시늉을 하게 한다.)

디렉터: 안녕, 베간다. [약간 놀라운 목소리로] 만나서 반가워요.

아만다: [베간다가 되어] 아만다, 너도 안아 봐. [아기를 주면서] 기저귀를 갈아 줘야지. [아만다가 기저귀를 가는 모습에 능숙함이 엿보인다.]

디렉터: 아만다 너는 나중에 커서 훌륭한 어머니가 되겠구나. 언니에게 배울 수 있으니 얼마나 좋아.

(아만다가 고개를 끄덕이고 다시 아주 능숙한 손놀림으로 아기를 재운다.)

아만다: 이제 아만다랑 베간다는 비키와 같이 살러 가요.

(그때 마침 초인종이 울린다. 비키가 돌아온 것이다. 디렉터와 아만다 둘 다 웃는다.)

디렉터: 호랑이도 제 말 하면 온다더니 시간 딱 맞춰서 오셨네. [문으로 간다.] 비키, 어서 들어와요. 아만다가 비키를 위해서 굉장한 이야기를 만들었어요. 아만다, 네가 말해 보겠니?

(비키가 마치 극장에 온 것처럼 의자에 앉는다.)

비키: 재미있겠네… 나 이야기 듣는 거 아주 좋아해.

아만다: [손으로 가리키면서 재빨리 이야기한다.] 내 인생의 시간 여행이에요. 난 아기이고, 엄마 아빠가 술집에 있는 동안 개가 나를 공격해요. 그리고 저건 내가 좀 더 큰 다음인데, 사자가 나를 공격해요. 그리고 오리 요정이 [웃으며] 나를 내버려둔 벌로 부모님을 헤어지게 해야겠다고 말해요. [멈춘다.]

디렉터: 그리고 아만다는 엄마가 아직 알코올 중독자가 아니었을 때, 행복하게 지내던 이야기를 만들었어요.

(아만다가 비키의 무릎 위에 올라앉으며 머리를 비키의 어깨에 묻는다. 비키는 말없이 부드럽고 침착한 반응을 보인다. 지지하는 모습이기는 하나 감상적인 투는 아니다.)

디렉터: 그 다음 얘기가 정말 아름다운 부분인데, 정말이지 내 심금을 울렸어요. 엄마가 계단에 떨어져 죽자, 아만다가

엄마를 땅에 묻고 같이 흙으로 덮어 주자고 했어요. 그래
서 같이 흙으로 덮어 주었죠. 그러고는 내가 노래를 불렀
어요. 아만다가 땅을 밟아서 엄마가 묻힌 곳이 따뜻하고
안전할 수 있도록 다져 놓았죠. 그런 다음 노래를 끝마쳤
어요.

(디렉터가 말하면서 아만다와 비키 앞에 무릎을 꿇고 그들의
팔을 잡아 3명이 원을 만든다. 비키의 눈을 보니 큰 감동을 받은
것 같다. 비키 역시 이 이야기가 주는 은유의 중요성을 깨닫고 있
다.)

디렉터: 내가 여태까지 아이들과 만든 이야기들 중 네가 만든
　　　얘기가 가장 아름다워. 평생 잊지 못할 거야.

(비키가 아만다를 좀 더 꼭 껴안는다. 달래듯 부드럽게 아만다
의 등을 살짝 토닥거린다.)

비키: 그래, 정말 아름다운 이야기로구나. 나도 감동 받았어.

디렉터: 아만다가 양엄마와 살기 시작하는 부분에서 어머니가
　　　들어오셨어요. [일어선다.] 때마침 같이 축하하러 와 주셨
　　　네요. 아만다-베간다 우리 축하할까? 너의 새로운 인생을.
　　　[디렉터가 아만다에게 웃으면서 손을 내민다.]

(아만다가 금세 축제 분위기에 젖어 든다. 함께 웃고 장난치면
서 방을 누비며 춤을 춘다. 디렉터가 노래한다.)

　　　그리고 그녀는 오랫동안 행복하게 살았습니다! 행복하게
　　　행복하게 - 행복하게 - 아주 오래 - 살았습니다!

(둘이 비키 앞에서 무대 인사를 한다. 셋 다 웃으면서 서로를
안아 준다. 그러면서 이야기가 해피엔딩으로 끝맺은 것뿐만

아니라, 아만다가 해낸 작업의 중요성을 인정해 준다.)

이 회기에서 아만다는 자신의 마음속에 일어나고 있는 혼란의 핵심을 빠르게 찾아갔다. 사실, 아만다는 죽은 엄마를 애도하는 과정이 필요했다. 지금까지 이런 과정이 한 번도 없었던 것이다. 그리고 무엇보다 이상향의 엄마Dream Mother를 땅에 묻어야 할 필요가 있었던 것은, 그것으로 인해 이미 깊이 사랑하고 신뢰하게 된 양엄마와의 새로운 삶에 마음을 활짝 열게 되기 때문이다.

 디렉터로서 나의 임무는 드라마의 진행을 촉진하는 일이었다. 이 임무에는 명확한 방향 제시를 통해 아만다가 시각적으로 장면을 만들 수 있게 돕는 일이 포함되어 있었다(예를 들어, "이 아기 역할을 할 인형을 골라 볼래?" 또는 엄마를 가리키며 "그곳에 눕혀 주겠니?"). 이때 내 생각을 주입하지 않고 아만다의 생각을 따라가는 것이 필수적이다. 내가 좀 더 설명을 듣고 싶을 때에는 지혜의 올빼미를 통해서 아만다의 의도를 분명하게 알아내었다. 그와 동시에 아만다가 자기의 지혜로운 생각을 깨달을 수 있게 했다. "이 일에 대해 지혜의 올빼미는 어떻게 생각하니? 지혜의 올빼미가 아만다에게 뭐라고 말을 하니?" 그녀의 대답은 탐색 놀이exploratory play 단계로 발전해 갈 수 있게 하는 연결다리 같은 역할을 했다. 아만다는 즉시 "나는 내 어린 시절의 이야기를 바꿀 테야" 하고 말한 뒤 이상향의 엄마를 만들어 상상 속에서 아름다운 엄마와 아이의 관계를 그렸다. 나는 사이코드라마의 도구인 구체화, 거울 기법, 극대화, 이중 자아를 놀이의 적재적소에 사용하여 아만다의 놀라운 자발성이 계속될 수 있게 했다. 실제로 아만다는 이 모든 행위를 가리켜 "우리의 연극"이라는 표현을 썼다.

　　아이들과 일할 때 이런 방법들을 사용하면 의도하지 않은 효과가 일어난다. 생각하지 못한 이러한 효과 덕분에 나는 아이들에 의해 빠르게 진행되는 놀이를 놓치지 않으면서 동시에 치료사로서의 역할을 계속 유지할 수 있었다. 예를 들어, 아만다가 갑자기 자기의 어릴 적 이야기를 바꾸겠다고 했을 때, 나는 직관적으로 아만다의 기분을 간파할 수 있었고, 이에 따라 큰 걸음으로 성큼성큼 방 안을 걸어 다니면서 "나의 어린 시절을 바꿀 테야"라고 거울 기법과 극대화 기법을 사용하여 치료를 이어갈 수 있었다. 아이의 갑작스런 말에 부응하면서 사용한 사이코드라마 기법들이 두 배의 효과를 가져왔다. 놀이의 진행을 부드럽게 해 주었을 뿐 아니라 치료사와 아동 사이에 조화를 유지할 수 있도록 해 준 것이다. 또 다른 예로, 아만다가 엄마의 죽음을 재연하지 않을까 하는 생각이 드는 순간에, 갑자기 "우리 이제 쇼핑할 거야"라고 하며 변화를 요구했을 때를 들 수 있다. 그때 나는 왜 갑자기 바꾸려 하는지 물어보려던 내 생각을 안으로 감추면서(왜냐하면 그것 역시 '아만다' 가 아닌 나의 **생각**들이었으므로), 나도 같이 쇼핑하는 시늉을 하였다. 그랬더니, 아만다는 스스로 사이코드라마적 에너지를 유지하고 확대하는 것이 아닌가? 이로 인해, 나는 나의 놀라움을 극복하고, 아만다를 따라 훨씬 더 명랑한 연기에 바로 들어갈 수 있었다. 만약 내가 그 순간에 개입해 들어가 설

명을 부탁했더라면, 그 다음에 펼쳐진 감동적인 장면은 결코
목격하지 못했을 것이다. 그 장면은 어린 아이가 무거운 어른
을 업고 비틀거리면서 걷는 장면이었는데, 이 장면은 알코올
중독자 부모를 둔 아이가 오히려 부모를 보살펴 준다는 은유
가 담긴 것이었다. 아만다의 경우에 내가 이런 은유를 일부러
만들 필요는 없었다. 왜냐하면 아만다의 창의적인 놀이가, 멋
지고 감동적인 또 다른 장면 연출로 바로 이어졌기 때문이다.

　　아만다의 두려움 없는 태도는 회기 내내 창의력과 자발성
사이의 통로를 계속 열어 놓을 수 있게 해 준 가장 큰 원동력
이었다. 나 또한 그런 두려움 없는 태도가 필요했던 것이다.

사례 모음은 여기서 끝내는 게 좋겠다. 아만다의 이야기는 사
이코드라마의 중요한 개념 하나를 잘 보여 준다. 앤터니 윌리
엄스Antony Williams는 그의 책 『열정의 기법 *The Passionate
Technique*』에서 이와 관련된 기법을 설명한 바 있다.

> '두 자아two selves,' 즉 의식적이고 분석적인 화자conscious
> analytic teller와 무의식적인 행위자unconscious doer가 자
> 발성에서 만나 하나의 조화로운 총체로 작용한다. 행동은
> 유연하고 자유롭게 이어진다. 행동과 그 행동에 대한 평가
> 는 자동적으로 이루어지며, 따라서 문제될 것이 없다
> (1989: 11).

아만다에게는 이런 통합의 과정이 스스로 즐기는 놀이의 정황

속에서 아주 빠르게 일어났다. 고통스런 진실들에 직면하고 그것들을 다루었지만, 아만다는 불쾌해하지 않았다. 오히려 통찰력이 생겼으며, 창의적인 에너지가 자발적인 놀이 내내 분출되었다.

제3부. 연계

사진: Linda Gallus

15. 저항 다루기

<blockquote>

그는 즉시 큰 나무 위로 올라갔다.
그 나무의 가지들은 아주 굵고 빽빽하게 자라나
겨우 작은 공간 하나가 보일 뿐이었다.
나무가 뿌리를 내린 곳은 외딴 바위 발치였는데,
정작 그 바위가 나무의 키보다 높고
경사가 가파른 탓에 쉽게 올라길 수 없었다.

— 『아라비안 나이트』 중 「알리바바와 40인의 도적」

</blockquote>

모든 아동들이 자유로운 상상과 신념을 가지고 행동하지는 않는다. 또한 모든 아동들이 그동안 묻어 두었던 고통이나 두려움을 은유적인 놀이를 통해서 자발적으로 꺼낼 준비를 하고 치료사를 찾아오는 것도 아니다. 치료 현장에서 보면 전혀 놀지 못하는 아동도 있다. 이제 이러한 내담자들, 즉 다가가기 전에 기다려 줄 필요가 있는 아동들에게 관심을 기울여 보도록 하자. 아동은 아동이 이해할 수 있는 맥락 안에서 접근해야 한다. 아동의 의사소통 방식은 저마다 고유한 차이점을 보인다. 간단하고 획일적인 "열려라 참깨" 식의 공식 따위로 모든 것이 가능하지는 않다. 치료사는 앞 장에서 언급한 방법들을 두루 사용할 수 있지만, 계속해서 다양한 접근 방법들을 연구할 필요가 있다. 실험하고, 버릴 것은 버리고, 새로운 방법을 고안하는 등 가장 좋은 방법들을 찾을 때까지 계속 노력해야 한다.

　　치료사가 치료 중 부딪히는 저항들에도 유형이 있을까? 아주 다양한 유형의 저항이 있으리라 생각된다. 여기서는 내가 만난 아동들이 보였던 저항 유형에 국한하기로 하겠다. 나는 이때까지 내게 맡겨져 만나게 된 아이들을 관찰해 왔다. 이렇게 함으로써 억측을 막고 사례들을 현실과 연관시킬 수 있었다. 하지만 지금까지 내가 만나 온 아이들은 대개 다른 치료사들이 어떻게 접근할지 몰라 내게 맡겨진 경우가 많았으므로, 사례들 중 일부는 편향되었을 가능성도 있다는 점을 배제할 수 없다.

저항을 보이는 아동 유형으로 먼저 주로 사회 복지 시설을 거치면서 여러 번 혼란을 겪어야 했던 아이들이 떠오른다. 대개 이런 아이들은 시설을 옮겨 다니며 여기서 몇 년, 저기서 몇 년 살거나, 입양 가정에 맡겨졌다가 파양되어 다른 입양처로 옮겨 가는 경우가 많았다. 이럴 경우, 아이들은 자꾸 "맡겨지면서" 자기 삶의 중심을 잡지 못하는 극도의 혼란을 겪게 되며, 다른 곳으로 옮겨야 하는 일이 생길 때마다 늘 "파양"의 경험을 하게 된다. 자기를 맡아 줄 새 가족을 기다리는 동안 아무것도 결정된 것 없는 불안한 시간이 흘러간다. 담당자들도 자주 바뀐다. 사회복지사들이 다른 일터나 부서로 옮겨가면서 늘어나는 것은 맡고 있던 아동을 위해 작성한 문서의 두께뿐이다. 후임자가 오면 방대한 양의 자료에서 필요한 사항들을 추리고 정리하는 일이 반복된다. 시간에 쫓기는 탓에 중요한 내용을 간과하는 경우가 다반사이다.

반복되는 이런 경험으로 인해 아이들도 자신을 담당하는 어른들을 냉소와 경계심을 가지고 대하게 된다. 사회복지사를 "자기를 위해" 헌신적으로 일하는 어른으로 보는 아이가 있는가 하면, 자기에 대해 너무 많이 알고 있어 오히려 자기 삶을 전복시킬 수 있는 강력한 권력자로 보는 아이도 있다. 자기 삶의 통제권을 잃게 될까 두려워 역으로 어른들을 통제해야 한다고 생각하는 경우마저 생긴다. 상담 회기에서도 마찬가지이다. 이런 아이들은 치료 과정을 이미 잘 알고 있기 때문에 자기 영역에 침범해 들어오지 못하도록 방어하는 데도 능숙하다. 이 글을 쓰는 동안 떠오른 두 명의 아이가 있는데, 이 두 아이는 굉장히 똑똑했다. 이 두 아이의 경우, 손 인형이 자기들을 미지의 세계로 가게 해 줄 힘이 있다는 사실을 이미 알고 있지 않았나 생각된다. 아이들은 용의주도하게 힘의 중심을 외부에 빼앗기지 않기 위해 자기 이야기를 함구하는 경계 태세를 늦추지 않았다. 이 아이들은 자기 자신만이 자기 삶의 운명을 결정하는 유일한 결정자라고 믿은 나머지, 치료사도 자기 손 안에 넣고 주무르려 했다. 이들은 자기들이 가지고 있는 전의식 preconscious이 주는 불편한 압박에서 결코 자유롭지 못했다. 내가 이들의 방어 기제를 건드리지 않으면서 가까이 다가갈 수 있는 방법을 찾으려 할 때마다, 이들은 하나같이 내가 얼마나 독창적인지 테스트해 보려고까지 하였다.

이들 중 한 여자 아이는 학교 놀이 말고는 그 어떤 놀이도 하기를 거부했다. 그렇게 함으로써 나와 거리를 둘 수 있는 안전장치를 찾으려 한 것이다. 이 아이는 내게 학교 놀이를 제안

했고, 나중에는 학생과 선생님 역할을 바꾸어서 했다. 긴 치료 기간을 거치면서 우리는 서로 많은 것을 이해하게 되었다. 이 아이는 내가 놀이에 자주 적용하는 사이코드라마 기법들 가운데 유용한 요소도 알게 되었다. 예를 들면, 내가 얌전히 있으라는 선생님(아동)의 지시를 무시히고 빙 안을 돌아다니며 거부하는 주제를 나타낼 만한 손 인형을 골라 의자 밑에 감추자 아이는 재미있어 했다. "나는 늘 여기 앉아요, 선생님." 내가 말했다. "이렇게 내가 위에 앉아 있으면 아무도 볼 수 없을 거예요." 그러고는 인형 위에 의자를 놓고는 그 위에 태연히 앉아, 아이가 던지는 엉뚱한 질문에 답할 준비를 하였다. 내가 학생이고 아이가 선생님 역할이었다. 하지만, 역할을 바꾸자 아이는 자기가 감추고 있는 사안들에 대한 도전을 받아들이지 않았다. 문제를 은폐하려는 이 아이에게 손 인형들은 전혀 겁나지 않는 장난감일 뿐이었다. 이 아이는 자신의 필요를 수용하기 위해서는 도전도 함께 요구된다는 사실을 알고 있었다. 때가 되면 이 아이도 마음을 열고 이야기하게 될 것이다. 학교 놀이가 계속되는 동안 나는 인내심을 갖고 기다려야 한다.

때로는 이야기를 통해 물꼬가 트이기도 한다. 한 아이가 이야기 중에 굉장히 심한 저항을 보인 적이 있었다. "즉흥적으로 이야기하기" 놀이를 하는 중이었다. 이 놀이는 번갈아 가며 짤막한 이야기를 즉석에서 이어가는 것이었는데, 방 안에 있는 손 인형과 다른 소품들을 이용하여 장면을 연출하기도 했다. 나는 차츰 아이가 가진 문제의 핵심에 대해 잠정적인 가설을 세울 수 있게 되었다. 나는 내가 수집해 온 새 둥지 몇 개를 이용하여 아이가 너무나 좋아하는 이야기를 만들었다. 그 이야기는 둥지에서 벗어나려는 작고 아름다운 새에 관한 이야기였다. 둥지를 벗어날 때마다 충격이 컸지만, 가장 큰 충격은 가장 절친한 친구였던 정원사와 갑작스럽게 헤어지는 일이었다. 아이는 이야기에 담긴 언어의 의미와 상관없이 이야기 자체를 재미있어 했다. "정말 대단해요"라고 아이가 말했다. 그리고 시간이 다 되면, "왜 이야기를 그만해요?"라고 물었다. 물론 나는 이야기를 마칠 의사가 없었다. 그래서 다음에 올 때 이야기를 이어서 하겠노라고 약속했다.

그즈음, 나는 좀 더 깊은 문제들을 다루는 데 고심하고 있을 때였다. 내가 고심 끝에 아이에게 들려준 이야기는 벨리시마라는 이름을 가진 새에 대한 이야기였는데, 이 새는 남들에게 비행 자세가 완벽하지 못하다는 소리를 들을 때마다 몹시 흥분하는 성격이었다. '누군가 와서 그 얘기를 꺼내려고만 하면 이 새는 해님을 향해 소리를 지르며 자기 날개로 얼굴을 때렸어요. 해님은 이 새 때문에 몹시 걱정이 되었어요. 그래서 그날 밤 임무 교대 시간이 되었을 때 달님에게 얘기를 했어요. 달님은 그 어린 새가 괜찮은지 계속 확인해 보겠다고 약속했어요. 그렇지만, 달님은 자신이 그 어린 새를 잘 볼 수 있을지 자신이 없었어요. 달님 역시 벨리시마에게 말을 걸려고 다가가기만 해도 벨리시마가 자기를 밀쳐 낸다는 걸 잘 알고 있었기 때문이었어요. 그 새는 자기가 몇 년씩 걸려 만든 둥지의 나뭇잎 커튼 옆에 쓰러져 있었어요. 그 둥지는 워낙 단단히 짜여 있어 빛 한 줄기 지나갈 틈이 없었고, 그 뒤에 숨어 있으면

아무도 벨리시마를 볼 수 없었어요.'

　내가 아이에게 들려준 이야기는 길었다. 우리는 의자, 쿠션, 반짝이는 스카프 등을 활용해 해와 달을 표현하였다. 낮이 가고 밤이 오는 대목에서 우리는 방 안을 미끄러지듯 돌아다녔다. 아이는 벨리시마(큰 거울로 표현)를 연못 위에서 놀도록 하는 것에 대해 아주 만족스러워 했다. '작은 새 벨리시마는 이 연못 위를 날며 해님이 뭐라 하든지 자기는 훌륭하다고 자꾸만 스스로를 안심시켰어요.' 아이는 이제 이 이야기에 완전히 몰입하였다. '벨리시마가 달님에게 자기만을 위한 길을 찾게 해달라고 부탁하자, 달님은 벨리시마를 잎사귀 커튼으로 데리고 가서 벨리시마가 나는 법을 배울 수 있는 상승 온난 기류를 찾았어요.' 바다를 가로지르는 대목에서 아이는 벨리시마가 커튼을 바다에 떨어뜨리게 했다. 나뭇잎 커튼이 벨리시마의 비행에 방해가 되었기 때문이다.

　아이와 나는 이후 이 이야기를 계속해 나가기로 했다. 나는 이 새가 쏜살같이 하강해 떨어지는 커튼을 잡아 올리게끔 할 생각이다. 왜냐하면 이 커튼은 너무나 오랜 시간 동안 아이의 소중한 방어 수단으로 사용되어 왔기 때문이다. 벨리시마는 자기 내면의 아름다움이라는 주제와, 나는 법을 완벽하게 터득하지 못했다는 지적 사이의 갈등을 피해갈 수 없을 것이다. 치료가 여기까지 오는 데만도 수개월이 걸렸다. 이 아이가 자신을 힘들게 하는 문제들을 직접 처리할 수 있기까지는 또 상당한 시간이 걸리리라고 생각한다. 그 문제들은 아직 나눌 준비가 안 되었다. 왜냐하면, 그 문제들은 복잡할 뿐 아니라 상당 부분 기억에서 잊혀진 이야기들을 안고 있기 때문이다.

저항을 보이는 아동의 두 번째 유형은 손 인형을 자유롭게 다루지 못하는 경우인데, 이 아이들에겐 그럴 만한 비밀이 있었다. 아이들이 가지고 있는 비밀은 모두 성폭력과 연관이 있었다. 성폭력 경험이 있는 아동의 경우 지극히 개인적인 이야기는 피하려 한다. 깊이 억눌려 있던 무엇인가가 올라올 때까지 오랜 기간에 걸쳐, 앞뒤가 안 맞는 아동의 놀이를 연결하려는 노력이 요구된다. 한 번은 상상력이 뛰어난 4살 된 어린 아동을 맡은 적이 있었다. 처음에는 자기가 좋아하는 TV 프로그램의 등장인물 이야기를 갖다 붙이며, 하는 놀이마다 재미있어 했다. 그러나 곧 시들해지고 나를 감옥에 가두는 새로운 놀이를 시작했다. 이 아이는 네 개의 문을 닫아 어두운 공간을 만들어 낼 수 있다는 사실을 알아냈다. 훨씬 앞선 회기에서도 이 아이는 나더러 회기 내내 그 어두운 공간 안에 누워 있으라고 하면서, 누워 있는 나의 볼에 자기의 작은 볼을 갖다 댄 적이 있었다. 그때 분위기는 아주 고요했으며 신뢰가 담겨 있었다. 그 당시 아이가 만든 공간이 감옥을 의미하지는 않았지만, 나에 대한 일종의 테스트 과정이었던 것 같다. 이 아동이 자신의 성폭력 경험을 털어놓을 때까지 주제와 연관이 없는 놀이는 몇 달간 더 계속되었다. 아이의 양부모와 나는 아이의 공격성과 두려움이 누그러질 때까지 인내와 믿음을 가지고 기다려야 했다. 아이의 양부모는 그런 점에서 이 아이에게 너무나도 훌륭한 분들이었으며, 이 두 분 덕분에 아이는 몇 년간에 걸친 상처를 되돌릴 수 있었다. 이 작업은 아직 진행중이다.

세 번째 유형의 저항은 손 인형과 충분한 유대감을 만들지 못하거나 구조화되지 않은 놀이에 어색해하는 아이들에게서 볼 수 있다. 이 경우의 아이들은 다양한 이유 때문에 상상력이 제한된다. 9살 난 칼Carl이라는 남자 아이가 있었다. 칼의 발달 단계와 관심 분야는 다양한 스포츠 활동과 연관되어 있었고, 언어 능력은 더딘 발달 수준을 보이고 있었다. 칼은 스토리텔링에는 도통 관심이 없었고, 손 인형도 칼에게는 별로 관심 가는 장난감이 아니었다. 칼은 매사에 행동 위주였으며, 은유적이기보다는 구체적인 것을 좋아했다. 그래서 이 아이와의 의사소통은 다른 경로를 필요로 했다. 장난감을 가지고 하는 놀이가 아닌 구조가 뚜렷한 행동 위주의 기법들을 써야 했다. 그러던 어느 날, 우리는 획기적인 전환을 맞이하게 되었다. 아이를 점점 더 무력하게 만드는 이 잘못된 불안감의 근원이 무엇일까 고민하던 중 알게 된 값진 발견이었다. 이 발견은 아이가 이웃에게 당한 성폭력 경험을 엄마에게 자세히 이야기하는 과정에서 비롯되었다. 아이는 그때의 경험 이후로 자기가 친 테니스공이 사람들에게 해를 입힐 것이라는 — 심지어 죽일 것이라는 — 강박적인 두려움을 보이게 되었다.

　내가 칼을 위해 사용한 방법은 종이와 펜을 주고 머리에 떠오르는 대로 아무 단어나 적어 보도록 하는 것이었다. 물론, 단어의 철자나 필체는 신경 쓰지 말라고 했다. 혹시 그렇게 하는 게 아이의 혼란스런 생각들을 잡는 도구가 될 수 있지 않을까 하는 마음에서였다. 단어 연상 놀이word-throwing game가 갑자기 내 머릿속에 떠올랐다. 칼은 전반적으로 강한 불안감에 시달리고 있었다. 나는 "잘못"에 대한 두려움에서 아이를 자유롭게 해 주고 싶었다. 또한 나는 칼이 자유 연상 능력을 발휘할 수 있도록 해 줄 필요가 있다고 생각했다. 그래서 우리는 여러 개의 공으로 저글링juggling을 하며 긴장을 푸는 시간을 가졌다. 그리고 종이를 이용하여 익살스러운 낙서를 하며 더욱더 긴장을 풀고 분위기에 익숙해지게 하였다. 그런 뒤에 나는 아이에게 다시 새 종이 한 장을 주면서 말이 되건 안 되건 괘념치 말고 '걱정' 하면 제일 먼저 떠오르는 단어를 적어 보라고 했다. 칼이 적은 단어는 "왜," "나무," "잡았다"였다. 나는 칼에게 이 단어들이 어떤 중요한 의미가 있는지 물어보았다. 그러자 칼은 나의 질문이 자기 문제의 핵심인 성폭력과 연관이 있음을 바로 알아차렸다. 이것은 그에게 뜻밖의 통찰로 이어졌다. 그리고 지금까지 이해할 수 없었던 불안감과, 관련없는 개별적인 상황들 속에서 이유도 모른 채 표출되던 불안의 의미를 깨달았다. 칼은 순간적으로 학대 사건 당시를 기억하였다. 그날 밤 칼은 갑자기 에이즈에 걸릴지도 모른다는 사실 때문에 두려워졌다고 했다. 그 두려움의 실체가 드러난 것이다. 그러나 칼은 더 이상 그것을 두려워하지 않고 억누르고 있던 학대의 기억을 이야기할 수 있었다. 칼은 그림 그리기를 통해 그러한 안도감을 표현하였다. 프랭클Frankl(1959)은 잘 포착되지 않는 난해한 고뇌의 근원을 규명할 수 있을 때의 효과에 대해 다음과 같이 설명한다. "고통스러운 감정은 우리가 그 고통의 명확한 개념을 포착하는 순간 바로 끝이 난다"(1959: 117).
그날 이후 칼은 그림, 이야기, 단어 연상 놀이 등을 통해 그동
안 억누르고 있었던 헝클어진 감정들을 빠르게 다루어 나갔
다. 칼은 앞으로 자기가 살아가는 동안에 이 모든 문제들에서
벗어나고 싶다는 소망을 내비쳤다.

또 다른 아이는 자신의 성격 때문이라기보다는 정신적 외
상으로 인해 손 인형을 사용할 수 없는 경우였다. 이 아이는
심한 성폭력 경험 때문에 내 인형을 보면 가해자가 입고 있던
옷이 떠올라 힘들어했다. 아이의 상상력은 두려움에 묶여 있
어 좀처럼 놀이에 자유롭게 임하지 못했다. 나는 아직도 이 아
이의 마음의 빗장을 조금이라도 열 수 있는 방법을 찾고 있는
중이다. 선명한 채색이 아이를 낫게 하는 데 도움이 될 수도
있다. 그렇지만 낯선 것을 두려워하는 아이를 생각해 아주 부
드럽고 세심한 방법으로 다가가야 할 것이다.

클라인(Klein 1932)은 아동이 놀이에서 금지inhibition in play
를 느끼는 것이 일반적인 신경증 증상이라고 보았다.

지금까지 우리가 말한 것을 종합해 볼 때, 아이를 분석하
기 위해서 아이 앞에 장난감을 놓아 주기만 하면 우리는
곧바로 아무런 제약 없이 함께 자유롭게 놀 수 있게 된다
고 생각할지 모르겠다. 그러나 실상은 전혀 그렇지 않다
(1932: 33).

사실, 아이로 하여금 치료에 임할 수 있도록 하는 치료사의 임

무는 그렇게 쉽게 수행될 수 있는 것이 아니다. 클라인은 이를 가로막는 배후의 원인에 대해 다음과 같이 이야기한다.

> 우리는 때로 감당하기 어려운 저항에 부딪히게 된다. 이는 대개의 경우 우리가 치료사로서 아이의 내면 깊숙한 층에 배어 있는 불안감과 죄의식에 대하여 거스르는 마음으로 다가가고 있음을 의미한다(Ibid: 9).

위에 언급한 아동의 세 가지 저항 유형과 치료 과정 중 관련된 문제의 복잡성을 받아들여야 하는 치료사 사이를 연결해 주는, 다음의 내용을 기억하도록 하자. 이는 저항을 다룰 때 치료사가 명심해야 할 부분들이다.

1. 아동의 방어 기제를 존중하라. 그들의 존재를 인정하라. 필요한 경우 부드럽게 반응을 요구하고, 어떤 경우에라도 강요하는 것은 금물이다.
2. 아동이 겪는 어려움의 핵심이 무엇인지 세심히 관찰하고, 그것을 바탕으로 점진적으로 정확한 가설을 세우도록 하라.
3. 세심한 정확성을 가지고 아동에게 가장 적절한 치료 방법과 도구를 찾아라. 아동의 문화적 배경, 발달 단계, 관심 분야와 장점을 염두에 두라. 치료적 관계의 틀을 벗어나지 말라. (예를 들어, 벨리스마와 나눈 이야기는 아이가 맺고 있는 관계에서 생겨났다. 그 이야기는 아이가 자연의 역사에 대해 갖고 있는 열정과 관심을 고려해서 만들어졌다. 그러한 분야에 흥미가

없는 아동이라면, 통제, 불안정, 비난과 두려움을 다룬 이야기는 치료 효과를 위해 전혀 다른 배경을 필요로 할 것이다.)

아이들과의 작업에는 상당한 융통성이 필요하다. 아이들의 저항은 사이코드라마에서 활용되는 일반적인 은유적 놀이의 경우보다 훨씬 더 뛰어난 재능을 요구한다. 디렉터는 아동에게 도전감 심어주기, 새로운 경로 탐색해 주기, 인내심 요구하기, 끈기 보여 주기 등 여러 각도로 다가가야 한다. 그리고 이 모든 과정을 통해 치료사는 주로 성인을 위해 사용해 온 사이코드라마 기법을 아이들을 위해 융통성 있게 적용할 필요가 있다. 아이와의 작업은 성인을 상대로 하는 작업과는 매우 다르다. 이 둘 사이의 차이에 대해서는 다음 장에서 더 알아보겠다. 아울러 고전적인 사이코드라마와 아동을 위한 사이코드라마의 적용이 어떻게 다른지도 비교해 보기로 하자.

16. 사이코드라마와 아동 치료

공놀이에 꼭 공이 있어야 할 필요는 없어!
자, 내가 너에게 태양을 던질 테니 받아 보렴
— 모레노

모레노는 고전적인 사이코드라마에서 디렉터가 하는 역할을 분명하게 기술하면서, 고전적인 사이코드라마와 비교해, 아동을 위한 사이코드라마에서 디렉터의 역할이 어떻게 적용되는지에 대한 핵심 사항을 다음과 같이 설명한다.

[디렉터는] 세 가지 기능을 가지고 있다: 연출자, 치료사, 분석가가 그것이다. … 연출자로서는 주인공이 드러내는 모든 단서를 빠짐없이 행위로 옮길 수 있는 기민함이 있어야 하고, 무대 위의 극과 주인공의 삶을 하나로 만들 수 있어야 하며, 극이 청중들과의 신뢰와 유대를 잃게 해서는 절대 안 된다. … 치료사로서는 주인공에게 충격을 주거나 공격적이어야 할 때 간접적이고 우회적인 방법을 써야 한다. 분석가로서 디렉터는 청중 가운데서 등장한

> 정보 제공자들, 이를테면 (주인공이 선정한) 남편, 아내, 부
> 모, 자녀들로부터 의견을 수렴해 자신의 해석을 보완할
> 수 있어야 한다(Moreno 1946: c).

모레노의 설명과 앞 장에서 언급했던 치료사의 역할 사이에는
분명 유사점도 있고, 차이점도 있다. 첫 번째 차이점은 배경
setting에 있다. 이 책에서 다루고 있는 아동 치료는 모임 구성
원들이 주인공의 이야기 속에 보조 자아로 참여해 연기를 하
거나, 디렉터가 독립된 역할을 하는 모임 단위의 작업이 아니
다. 대신, 등장인물은 손 인형이 맡고, 이 손 인형들은 아이나
치료사에 의해 움직인다. 따라서 치료사는 연출자, 치료사, 분
석가의 역할을 유지하면서, 디렉터와 놀이에 적극 참여하는
보조 자아의 역할을 유동적으로 오가게 된다. 아무런 제재 없
이 진행되는 자유 놀이의 분위기 속에서 역할과 임무의 전환
및 이행은, 치료사가 상황에 따라 유동적으로 움직일 때에만
가능하다. 이는 치료 현장에서 쏟아져 나오는 힘을 받아들이
고 그 힘을 신뢰하는 것을 포함하는 작업이다. 맥스 클레이튼
Max Clayton은 이러한 예비 시간을 "준비도 창조creation of
readiness"라고 부른다.

> 어떤 분위기는 디렉터에 의해 즉흥적으로 순식간에 만들
> 어지기도 한다. 정말 아주 쉽게 만들어지거나 찰나에 일어
> 나기도 한다. 이는 바로 자신의 존재가 가진 본성을 깨닫기
> 위해 잠시 호흡을 멈추는 행위이다. 모든 것은 존재being에

서 시작된다. 행위는 그 다음이다(Clayton 1991: 5-6).

또한, 그는 성인들을 상대로 하여 사이코드라마를 진행하고자 하는 디렉터들에게 다음과 같이 조언을 한다.

당신과 다른 사람들 안에 있는 생명력에 집중하세요. 그리고 이 생명력을 값지게 여기세요. 핵보다도 더 어마어마한 힘을 지닌 창조력이 담긴 이 생명력은 실로 대단한 것입니다. 이것을 볼 수 있을 때, 나는 내 안에서 무언가가 자라나는 것을 발견한답니다(Ibid: 6).

아이들과의 작업도 과정은 비슷하다. 회기를 시작하면서, 치료사는 직관적으로 치료 현장에서 나오는 힘에 몸을 맡긴다. 그리고 회기 중 예측 불가능한 변화나 움직임에 두려워하지 않으며, 아이의 반응에 맞춰 여러 역할을 오가는 것 때문에 불안해하지도 않는다.

이제 다시 차이점으로 돌아가 보자. 모레노가 말한 "공격적이고 충격적인 주제" 기법이 어른들에게는 깊은 통찰을 이끌어내지만, 아동에게는 좀 더 부드러운 접근 방법이 필요하다. 아이들의 도전을 허용하는 일도 때로는 괜찮다. (사실, 경우에 따라 도전이 필요한 경우가 있다.) 하지만, 어떤 아이들은 사소하지만 직접적인 지적에도 망연자실해 한다. 어설픈 접근으로 인해 치료에서 곧 발을 빼버리는 경우도 있다. 그러면 그들의 자기 방어 기제가 빠르게 작동하여 모든 것을 닫아버리고 만다. 아이들은 자발성을 잃게 되고, 치료에 참여하려는 마음도 거두고 만다. 치료사에 대한 그들의 믿음 역시 바닥으로 곤두박질치게 된다. 다음 몇 가지 사례들은 이런 때를 대비해 세심한 주의가 필요함을 잘 보여 준다.

제이슨은 내가 희생자 역할을 하면서 도전적으로 다가섰을 때 힘없는 작은 원숭이 인형을 가지고 대응할 수 있었다. 그러나 이 경우에도, 이 아이의 얼굴에는 놀란 기색이 만연했다. 제이슨은 이런 통찰을 좀 더 긍정적이고 삶을 강화하는 역할 연기로 수행해 볼 필요가 있었다. 메리 케이트의 경우, 치료사가 다정하고 부드럽게 접근해 들어갈 때 감추어 두었던 상처를 직시하고 받아들일 수 있었다. 이밖에도, 아이들의 주의를 환기하고 상황을 직시할 수 있도록 돕는 방법으로 놀람 기법surprise tactic이 효과적이었다. 놀람 기법은 관련된 문제에 대해 조언을 줄 수 있는 지혜로운 인물을 등장시킨다든지, 연기 도중 갑자기 역할 바꾸기를 시도한다든지 하는 식으로 전개되었다. 아이들은 은유적 표현이 보호받는 놀이 환경 속에서 안전감을 느꼈다. 아이들은 디렉터가 자기들의 비밀을 들추어내거나 억지로 진실을 대면하도록 한다는 느낌을 받지 않을 때, 놀이를 통해 얻는 통찰력을 잘 받아들였다. 아동의 경우 "공격attacking"이나 "충격shocking" 기법은 적절치 않았다.

모레노는 디렉터가 외부 자원을 사용할 것을 당부했는데, 이 경우에도 아동과 성인의 경우에는 분명한 차이점이 있다. 모레노는 외부 자원으로 정보 공유information-sharing를 들었고, 이 정보 공유 작업은 집단 내에서 이루어진다. 그 과정에서 나온 이야기들은, 이후에 단순한 이야기 수준을 넘어, 사이코드라마 속의 예측 불허의 공간 안으로 역동성을 가지고 들어가게 해 준다. 그런데 이 책에서 소개한 사례들은 집단 작업은 아니었다. 필요한 정보는 부모님과의 별도의 회기를 통해 얻었을 뿐이다. 이 정보들을 아이들과의 자유로운 놀이 중에는 활용하지 않았다. 이 책의 3장 "사이코드라마로 들어가는 길"은 아동 치료에서 정보들이 어떤 방식으로 수집되며, 그 정보와 관련하여 신뢰할 만한 사항들을 어떻게 확보할 수 있는지에 관한 지침을 준다. 하지만 아이들은 대개 은유를 통해서 민감한 사안들을 나누는 쪽을 선호한다. 물론 이때, 아이의 부모나 보호자와의 지속적인 연락을 통해, 치료사는 아이 신변에 일어나는 일상의 변화들에 대해 정보를 얻을 수 있다. 이런 정보들을 통해 치료사는 아이의 은유적 놀이를 더 잘 이해할 수 있게 된다. 그리고 아이의 환상 안에 같이 머무르면서도 좀 더 정확하고 세심하게 반응할 수 있게 되는 것이다. 4장은 그러한 외부 정보들이 갖는 가치를 보여 주고 있다. 이를 신중하게 사용한다면, 치료사는 진행 중인 놀이를 분석하는 데 도움을 받을 수 있고, 보완 자료로도 활용할 수 있을 것이다.

고전적인 사이코드라마와 이 책에 제시된 유형의 아동 치료의 마지막 차이점에 대해서는 길게 설명할 필요가 없을 것 같다. 이 책에서 다룬 모든 내용들은 아이들이 치료사를 무엇보다 놀이 친구로 인식한다는 점을 시사해 준다. 아이들도 치료 현장 안에 포함된 치유의 역할에 대해 잘 알고 있다. 그래서 아이들은 이런 역할들이 담긴 놀이를 통하여 그들의 삶을

다시 경험한다. 아이들은 은유에서 은유로 빠르게 뛰어다닌
다. 분석이나 평가를 하기 위해 멈추지 않는다. 성인 사이코드
라마 주인공이 새로운 통찰을 얻게 되는 것도 바로 그들이 가
보지 않은 놀이의 세계에 들어가 경험하는 데서 가능한 것이
라 할 수 있다. 그러한 경험 안에서 어른들도 아이처럼 날아오
르고 싶어지는 것이다.

17. 장벽을 넘어

여기서는 공작보다 참새가 더 환한 색을 선보였고,
개가 노란 사슴보다 빨리 달렸으며,
꿀벌들은 침을 잃어버렸고,
말들은 독수리의 날개를 달고 태어났다.
— 브라우닝, 「피리 부는 아이」

사이코드라마에 대한 문헌은 결코 현실reality을 말하는 데에서 그치지 않는다. 사이코드라마는 마치 사진을 바라보는 것과 같다. 사진작가는 살아 움직이는 실체의 순간을 포착해 빛으로 가득 찬 부분에 초점을 맞출 때 비로소 맺힌 상의 아름다움 또는 복잡함, 그리고 그것의 명암에 우리의 주의를 집중시킬 수 있게 된다. 그러나 이 과정은 핀 위에 앉은 나비를 포착하듯 짧은 순간에 이루어진다. 이는 이 책에서 다루고 있는, 끊임없이 번히는 생생한 치료 현장에서도 마찬가지이다. 치료 과정을 매 회기 아무리 세세히 묘사한다고 해도 그 순간순간을 정확히 포착할 수는 없다.

아동 치료 훈련 워크숍을 진행할 때면, 나는 치료사와 아동, 그리고 손 인형을 이용한 보조 자아 사이의 상호 놀이를 활발하게 유지하는 데 초점을 맞춘다. 연기자는 가능한 한 녹

취록verbatim에 가까운 원고(아이의 행동, 말 하나하나 놓치지 않고)를 이용해 아이 역할을 훈련 받는다. 그러나 이 정도로도 부족하다. 고작해야 우리는 과거의 감정, 표현, 동작들을 반복하며 그때의 말을 되풀이할 뿐이다. 사이코드라마는 지금 현재 일어나는 일들의 새로움과 즉시성을 담아야 한다. 재연reenactment은 어디까지나 기존 연극에 가깝다. 모레노는 재연을 기본으로 하는 이런 기존 연극을 가리켜 "핵심의 이탈out of locus"이라고 했다(Moreno 1926: 18). 이 말은 무엇을 의미하는 것일까?

모레노의 용어에 따르면, 존재하는 모든 것에는 기원, 즉 "핵심의 기원"이 있다. 그리고 그 기원이 제거되면 존재는 핵심을 잃게 된다. 모레노는 기존 연극이 드라마의 본질에서 많이 벗어나 있으며, 이미 쓰여진 대본과 이미 다 결정 난 요소들에 의존하고 있다고 지적했다. 자신이 시작한 "자발성의 극장theatre of spontaneity"과 종래의 연극이 갖는 차이점을 설명하기 위해, 모레노는 숙녀의 꽃 머리핀을 비유로 들어 설명한다. 그 꽃의 진정한 근원은 꽃이 자라는 화단이다(Ibid: 12). 모레노의 설명은 흥미를 끌기에 충분하다. 사이코드라마적 방법의 중요성은 주인공이 되어 직접 사이코드라마를 경험한 사람들이 가장 잘 이해한다. 모레노도 이러한 연극에 대한 태도를 통해 근원적 경험인 '핵심의 기원'에 재입성할 수 있도록 하는 기법들을 만들게 되었다. 핵심의 기원은 탄생의 장소이며, 모든 것이 처음 시작된 곳이라는 것이다. 사이코드라마에서 맛보는 경험의 깊이는 기존 연극에서 연기력이 굉장히 뛰어난 배우가 읊조리는 대사에서 느끼는 것과는 그 차원이 다르다.

　나의 워크숍에서는, 만들어진 대본을 사용할 경우 아이의 근원적인 창조력에 대해 얼마간의 통찰력을 얻을 수는 있지만, 이러한 통찰력의 상당 부분은 곧 잊히고 만다. 예측 불가능한 아동의 역동성을 인쇄된 활자로 제한하거나 재연해 올리는 일은 핵심에서 멀어지는 일이며, 결국엔 정적static 단계에 머물게 될 뿐이다. 이렇게 되면 핵심을 온전히 전달할 수 없으며, 더 이상 아동과 치료사 모두 창조자가 될 수 없다. 워크숍 참여자들이나 독자들은 적극적인 참여자라기보다는 관찰자가 되어 버린다. 아동과 놀이 과정 자체가 우리의 학습 목표이다. 아동과 놀이는 숙녀의 머리를 장식한 꽃처럼 우리의 이목을 끈다. 아동과 나누는 놀이를 '학습'하는 것도 좋겠지만, 치료에 사용되는 기법을 이러한 학습에 활용한다면 치료사의 경험은 훨씬 달라질 것이다. 그렇게 해서 축적되는 경험이야말로 모레노가 말한 자발성의 연극에 한층 가깝게 된다. 치료 현장은 "놀이를 통해 삶이 묻어나고, 강자와 약자가 함께 어울리는 곳이다. 이곳이야말로 완력이 필요 없는 진실의 공간이다"(Ibid: 26).

　치료사와 아동은 시간의 제약을 뛰어넘어 창조자가 될 것이며, 의식과 무의식 사이의 공간을 유동적으로 오가는 길을 발견하게 될 것이다.

　　끊임없이 창조하는 마음 안에, 의식과 무의식을 나누는 분명한 경계 따위는 없다. 창조자는 달리기를 하는 주자

와 같다. 달리는 동안 지금까지 달려온 길과 앞으로 달려
야 할 길은 결국 하나의 길로 이어진다(Ibid: 42).

아이의 길벗이 되어 때로는 묵묵히 뒤에서 따라가 주고, 때로
는 앞에서 이끌어 주며, 다시 또 묵묵히 따라가면서 함께하는
이 길은 계속되는 발견의 여정이다.

　모레노는 자유롭게 노는 아이의 모습을 관찰하는 것부터
시작했다. 그의 관찰과 경험은 마침내 그를 사이코드라마의
미묘하고 복잡한 수준에 이르게 해 주었다. 사이코드라마를
통해 배운 모든 것에 이끌려, 나는 문서로 정리되지 않은 이
과정을 거꾸로 거슬러 올라가 그 근원을 찾아보기로 마음먹었
다. 아이들은 여전히 내 좋은 스승이 되고 있다. 우리는 자유
안에서 일한다. 내가 배운 것들 중 대부분은 기존 교육 기관의
제한적인 영역을 뛰어넘어 얻어낸 것이다. 오랜 시간 동안 아
이들은 나를 사로잡아 왔으며, 내가 창조적 날개를 가지고 안
전하게 비행하도록 이끌어 주었다. 나를 자유롭게 한 주인공
은 바로 아이들이다.

용어

(사이코드라마에서 사용하는 용어 및 기법)

행위 갈증act hunger: 기본적인 욕구나 충동을 해소하기 위한 자극.

보조 자아auxiliary ego: (때때로 단순히 '보조'라고도 일컬음) 전통적인 사이코드라마에서 드라마에 참여하는 사람으로서, 주인공이 만든 장면 안에서 등장인물들의 역할을 대신 수행하면서 주인공의 사이코드라마적인 탐험을 돕는 사람. 주인공뿐만 아니라 디렉터를 돕는 역할을 한다. 이 책에서는 인형이 은유적 행위를 통해 그 역할을 담당했다.

구체화concretizing: 장면을 구성하거나 은유적인 표현을 장소함으로써, 추상적인 사고 또는 언어로 표현된 기억들을 가시화하는 것.

디렉터director: 사이코드라마 기법을 사용하는 치료사를 일컫는 모레노의 용어(연극 용어에서 따옴).

이중 자아double : 전통적인 사이코드라마에서 주인공의 역할 또는 어떤 측면aspect을 수행하는 사람. 이중 자아의 역할은 주인공을 한쪽으로 밀어 놓고 표현된, 또는 저변에 깔린 주인공의 생각, 감정, 행동 그리고 말을 가능한 한 동일시하는 것이다. 아동 치료에서는, 인형들이 이 역할을 담당한다.

재연enactment : 주인공이 탐험하고자 희망하는 장면을 재현하고, 이전에 표현하지 못했던 생각들, 알아차리지 못했던 욕구들, 숨겨져 있던 두려움을 극화하여 행위화하는 것.

첫 우주first universe : 초기 유아기를 일컫는 모레노의 용어. 이미지 형성 능력이 발달하기 이전에, 모든 것을 있는 그대로 사실적으로 경험하고 현재의 상황만을 중요시하는 시기.

핵심의 기원locus nascendi : 어떤 사물이 처음으로 존재하게 된 본래의 장소.

극대화maximizing : 작은 동작, 절제된 감정 표현 또는 부드러운 언어들을 주인공이 더 완전하고 깊게 경험하는 극적인 행위로까지 이끌도록 확대하는 작업.

거울 기법mirroring : 기법 중 하나로서, 다른 사람이 주인공의 행동을 그대로 따라하는 동안 주인공은 뒤에서 관찰자로서 있는다. 이때 저변에 깔린 감정을 포착하고 때때로 주인공 안의 새로운 자신을 발견할 수 있도록 의식적으로 과장하기도 한다.

주인공protagonist : 치료극에서 중심이 되는 행위자, 드라마 안에서 펼쳐지는 삶의 주인공.

옮긴이의 글

내가 사이코드라마를 배우고 처음 정식으로 디렉팅을 한 것은 보육원에 수용되어 있는 아이들을 대상으로 한 것이었다. 방송국과 보육 시설의 요구에 의해 자원 봉사를 하는 마음으로 프로그램을 진행하였다. 사이코드라마라기보다는 작은 역할극처럼 주인공이 나오고 삶의 어려운 부분을 연기하는 정도였다. 그 시간에 나온 주인공은 초등학교 5학년 여학생이었고, 그녀는 반에서 자신을 괴롭히는 남학생과의 문제를 표현하였다. 그 장면의 마지막에 소녀는 다음과 같이 외쳤다. "하나님이 있다면 우리 엄마를 데려 오란 말이야!"

그 음성은 목회자인 나에게 수많은 신앙적 질문을 떠올리게 하였다. 기도하면 하나님이 다 응답해 주신다고 말하고도 현재의 고통에 반응하지 못하였던 나의 초라한 모습이 그녀의 울음 섞인 외침에 한없이 무너져 버렸다. 사이코드라마를 그저 단순한 치유 방법의 하나로 여기고 활용하리란 얄팍한 나의 마음을 비웃기라도 하듯이, 그 소녀의 외침은 이후 계속적으로 나를 흔들어 놓았고 사이코드라마에 대한 자세와 신앙에 대한 나의 태도까지 바꾸어 놓았다.

사이코드라마를 단순히 치유의 노구나 주인공의 마음을 조작하려는 심리 치료 방법론의 하나로 여기고 사용하는 사람들은 나와 같은 곤경에 빠질 것이다. 사이코드라마의 아버지인 모레노가 아이들의 모습 속에서 사이코드라마의 세계를 확장시키는 시발점을 삼은 것은 그 아이들에게 있는 인간의 내적 자원을 간파한 때였다. 그러나 이후 사이코드라마가 다양한 방식으로 발전되어 왔지만, 그 시발점이었던 아이들에게 그 혜택을 되돌려주지 못하고, 어른들의 심리 치료 도구로서 단순히 사이코드라마 교육의 확장만 이뤄지는 현실은 반쪽의 발전이라고 생각한다. 그러던 가운데 아이들에게 효과적으로 사이코드라마를 적용하는 사이코드라마 치료의 임상 사례를 보여 주는 이 책을 만나게 되었다.

현재 이혼과 가정의 불안 그리고 매일의 스트레스로 고통받는 아이들에게 세상은 행복한 곳이 아니다. 그들은 자신들의 내면의 소리를 들어 줄 어른들은 없다고 느끼면서 잔혹한 성인이 되어 가고 있다. 이러한 현실은 사이코드라마뿐만 아니라 아이들의 영혼의 소리에 귀 기울이려고 하는 그 누구라도 고민해 봐야 할 문제이다. 어른들은 마음이 아프면 아프다고 말할 수 있는 합리성과 경제적 능력이 있지만, 아이들은 그러한 합리성도 능력도 부족하다. 그저 어른이 자신들의 생각으로 베풀어 주는 호의와 도움에 만족하며 살아야 하는 세상은 아이들에게 무척 힘들어 보인다. 그런 의미에서 이 책은 아이들의 행복을 위해 노력하는 모든 사람에게 열려 있고 그만큼 도움이 될 것이다.

언제나 그렇듯이 의욕만 앞선 나의 번역 작업에 순순히 동참해 준 존경하는 한동대학교 황헌영 교수와 동료인 양소희 사모님에게 감사의 마음을 전한다. 또한 한국사이코드라마 소시오드라마 학회 동료들과 한국 비블리오드라마협회 동역자들에게도 이 면을 통해 감사의 말을 전하고 싶다.

우리가 두고 온 어린 시절의 상처를 반복하는 오늘의 아이들을 돕는 모두에게 이 책이 도움이 되기를 바라며….

옮긴이 대표 김세준

참고문헌

Axline, V. (1964) *Dibs In Search of Self*, London, Pelican.

Beitchman, J. H., Zucker, K. J., Hood, J. E., da Costa, G. A., Akman, D. and Cassavia, E. (1992) "Review of the long-term effects of child sexual abuse," in *Child Abuse and Neglect*, vol. 16: 101-18.

Berg, W. K. and Berg, K. M. (1979) "Psychophysiological development in infancy: state, sensory function and attention," in J. D. Osofsky (ed.) *Handbook of Infant Development*, New York, John Wiley & Sons.

Bettleheim, B. (1976/1989) *The Uses of Enchantment*, New York, Vintage Books.

Bray, M. (1991) *Poppies on the Rubbish Heap - Sexual Abuse: The Child's Voice*, Edinburgh, Canongate Press.

Browne, A. and Finkelhor, D. (1986) "Impact of child sexual abuse: a review of the research," *Psychological Bulletin*, vol. 99, no. 1: 66-77.

Bussey, K. (1992) "The competence of child witnesses," in Calvert G., Ford A. and Parkinson, P. (eds) *The Practice of Child Protection - Australian*

Approaches, Sydney, Hale and Iremonger.

Clayton, G. M. (1991) *Directing Psychodrama: A Training Companion*, Caulfield, Australia, ICA Press.

Cooke, P. B. (1978) "Person perception and behaviour patterns: a clinical application of multidimensional analysis," unpublished PhD thesis, University of Western Australia

Cooke, P. B. (1996) *Young People Who Offend: New Research and Application*, forthcoming.

Emy, H. V. and Hughes, O. E. (1988) *Australian Politics: Realities in Conflict*, Melbourne, Macmillan.

Erickson, M. (1958/1980) "Paediatric hypnotherapy," in E. Rossi (ed.) *The Collected Papers of Milton H. Erickson on Hypnosis. Vol. 1: The Nature of Hypnosis and Suggestion*, New York, Irvington Publishers, Inc.

Erickson, M. and Rossi, E. (1976/1980) "Two-level communication and the microdynamics of trance and suggestion," in E. Rossi (ed.) *The Collected Papers of Milton H. Erickson on Hypnosis. Vol. 1: The Nature of Hypnosis and Suggestion*, New York, Irvington Publishers, Inc.

Erickson, M. and Rossi, E. (1979) *Hypnotherapy: An Exploratory Casebook*, New York, Irvington Publishers, Inc.

Fagan, J. and Shepherd, I. L. (eds) (1970/1972) *Gestalt Therapy Now*, Harmondsworth, Penguin.

Field, T. M., Woodson, R., Greenberg, R. and Cohen, D. (1982) "Discrimination and imitation of facial expressions by neonates," *Science*, vol. 218: 179-81.

Finkelhor, D., Hotaling, T. P., Lewis, I. A. and Smith, C. (1989) "Sexual abuse and its relationship to later sexual satisfaction, marital status, religion and attitudes," *Journal of Interpersonal Violence*, vol. 14, no. 4.

Fogarty, J. (1993) *Protective Services for Children in Victoria*, Report to
Victorian Government, Melbourne.

Frankl, V. (1959) *Man's Search For Meaning*, New York, Pocket Books.

Freeman-Longo, R. (1990) "The evaluation and treatment of sexual
offenders," paper presented at Conference: Sex Offenders -
Management Strategies, for the Office of Corrections and Health
Department, Victoria.

Freud, S. (1905/1957) "Fragment of an analysis of a case of hysteria,"
Collected Papers, vol. 3, London, Hogarth Press.

Friedrich, O. (1983) "What do babies know?" *Time*, 15 August, 48-55.

Galin, D. (1974) "Implications for psychiatry of left and right
specialization," in *Archives of General Psychiatry*, vol. 31: 527-83.

Goodman, G. S., Hirschman, J. and Rudy, L. (1987) "Children's testimony:
research and policy implications," in *Children as Witness: Research and
Social Implications*. S. Ceci (Chair), Symposium presented at the
Society for Research in Child Development, Baltimore, MD.

Herman, J. L. (1992) *Trauma and Recovery*, London, HarperCollins.

James, M. R. (trans.) (1930/1959) *Hans Andersen, Forty Two Stories*,
London, Faber and Faber.

Jung, Carl (1958) *Psyche and Symbol*, New York, Doubleday.

Jung, Carl (1934/1991) *The Archetypes and the Collective Unconscious*, Part
1, London, Routledge.

Jung, Carl (ed.) (1964) *Man and His Symbols*, New York, Doubleday.

Keen, S. (1969/1973) *Apology for Wonder*, New York, Harper and Row.

Kelly, G. A. (1955) *The Psychology of Personal Constructs*, vol. 1, New
York, W. W. Norton & Co. Inc.

Klein, M. (1932/1989) *The Psychoanalysis of Children*, London, Virago

Press.

Kuhl, P. and Meltzoff, A. N. (1982) "The bimodal perception of speech in infancy," *Science*, vol. 218: 1138-41.

Luria, A. (1973) *The Working Brain*, New York, Basic Books.

MacKain, K., Studdert-Kennedy, M., Spieker, S. and Stern, D. N. (1981/1982) "Infant perception of auditory-visual relations for speech," paper presented at the International Conference of Infancy Studies, Austin, TX.

Mannoni, M. (1967/1970) *The Child, His Illness and the Others*, New York, Random House.

Marineau, R. F. (1989) *Jacob Levy Moreno 1889-1974 Father of Psychodrama, Sociometry and Group Psychotherapy*, London, Routledge.

Martinez, L. (1992/1993) In *Juvenile Justice: A New Focus on Prevention*, Washington, US Government Printing Office, Serial No. J-102-62.

Mellon, N. (1992/1993) *Storytelling and the Art of Imagination*, Brisbane, Element Books Ltd.

Meltzoff, A. N. and Moore, K. (1977) "Imitation of facial and manual gestures by human neonates," *Science*, vol. 198: 75-8.

Miller, A. (1990) *The Untouched Key*, London, Virago Press.

Mills, J. C. and Crowley, R. J. (1986) *Therapeutic Metaphors for Children and the Child Within*, New York, Brunner/Mazel, Inc.

Moreno, J. L. (1926/1973) *The Theatre of Spontaneity*, New York, Beacon House.

Moreno, J. L. (1934/1953) *Who Shall Survive? A New Approach to the Problem of Human Interrelations*, New York, Beacon House.

Moreno, J. L. (1946/1980) *Psychodrama*, vol. 1, 4th edition with new introduction, New York, Beacon House (6th edition).

Moreno, J. L. and Moreno, F. B. (1944) "Spontaneity Theory of Child Development," in *Psychodrama Monographs*, no. 8, New York, Beacon House.

Mullen, P. E., Romans-Clarkson, S. E., Walton, V. A. and Herbison, G. P. (1988) "Impact of sexual and physical abuse on women's mental health," *The Lancet*, vol. 1, no. 8590: 841-5.

Nebes, R. (1977) "Man's so-called minor hemisphere," in M. Wittock (ed.) *The Human Brain*, Englewood Cliffs, NJ, Prentice-Hall.

Ornstein, R. (1978) "The split and whole brain," *Human Nature*, vol. 1, no. (5): 76-83.

Rogers, L., TenHouten, W., Kaplan, C. and Gardner, M. (1977) "Hemispheric specialization of language: An EEG study of bi-lingual Hopi Indian children," *International Journal of Neuroscience*, vol. 8: 1-6.

Rossi, E. L. (ed.) (1980) *The Collected Papers of Milton H. Erickson on Hypnosis*, Vol. iv, *Innovative Hypnotherapy*, New York, Irvington Publishers, Inc.

Salzberger-Wittenberg, I. (1970/1988) *Psycho-Analytic Insight and Relationships*, London, Routledge.

Singer, K. (1989) "Group work with men who experienced incest in childhood," *American Journal of Orthopsychiatry*, vol. 59, no. 3: 468-76.

Smith, S. B. (1985) *Children's Story: Sexually Molested Children in Criminal Court*, Walnut Creek, CA, Launch Press.

Stern, D. N. (1985) *The Interpersonal World of the Infant*, [New York], Basic Books Inc.

Williams, A. (1989) *The Passionate Technique*, London, Routledge.

Winnicott, D. W. (1971) *Therapeutic Consultations in Child Psychiatry*, New York, Basic Books.

사진 목록

표지 Paul Cox
  5쪽 Margaret Sail
 26쪽 Tony Terry
 68쪽 Margaret Sail
 90쪽 Bernadette Hoey
134쪽 Linda Gallus
156쪽 Linda Gallus
220쪽 Linda Gallus

차례와 책 속의 그림은 모두 Bernadette Hoey의 작품입니다.

이 책에 실린 사진들 속의 아이들은 이 책에 실린 내용과는 아무런 관련이 없습니다.